객실
관리
실무

ROOM DIVISION
MANAGEMENT OPERATION

▥ Preface

객실관리 실무를 내면서

우리나라에서 처음 숙박산업의 호텔이 등장한 지도 벌써 120여 년이 흘렀다. 1986년 아시안게임 과 1988년 올림픽게임 국제행사와 더불어 경제 발전을 거듭한 국내 호텔·숙박 산업은 세계화, 국제화, 한류문화 그리고 K-POP 문화를 잇는 가교역할을 하였고, 우리나라를 방문하는 외국인 관광객에게 보다 빠르게 세계에 알리고, 국가적 이미지를 제고시키는 데 커다란 역할을 해 왔다.

호텔은 크게 공공부분, 숙박부분, 식음료부분 3가지로 구분하게 되는데, 호텔에서 큰 수익원은 숙박부분 즉 객실 부분이다. 호텔 객실은 관광에 대한 주체, 객체의 동기로 관광객의 체류 시에 숙박기능 즉 주거공간으로 이용하고 있다. 객실 공간은 이용하는 고객에게 본인이 거주하는 집과 같은 편안한 주거공간에 대한 디자인 설계로 보다 안정하고, 더욱 청결하며, 항상 안락함을 추구 하도록 하여야 한다.

오늘날 숙박 산업의 환경변화 중에서 호텔의 객실상품이 가장 변화가 빠르게 움직이고 있는 실정이다. 다양한 고객 만족을 위한 개성과 안정, 청결, 안락함을 필요에 따른 객실의 기능은 휴면공간, 사무·회의공간, 위생공간, 문화공간의 기능으로 확대 되고 있다.

본서는 크게 7단원으로 구성되었는데, 제 Chapter 01 단원에서는 호텔의 개요 산업의 역사, 발달과정, 기능과 분류, 호텔 등급 기준 그리고 특징과 조직에 대해 기술 하였다. Chapter 02 단원에서는 호텔 객실의 조직 및 업무, 개념, 특성과 호텔객실의 기능에 대한 부분을 담았고, Chapter 03 단원에서는 호텔 프런트 및 예약 실무에서 프런트 업무의 기능과 조직 그리고 직급별에 따른 근무조별 업무와 객실 예약의 이해를 돕고자 하였다.

Chapter 04 단원에서는 호텔 현관 업무에서 현관서비스의 이해와 조직, 직급별 업무를 표현하였으며, Chapter 05 단원에서는 객실 하우스키핑의 업무의 개요와 룸 메이드의 업무, 세탁, 린넨 업무의 중요성에 대한 내용을 실무 위주로 표현하였으며, Chapter 06 단원에서는 객실 부문의 인력관리 업무에서 인력관리와 교육에 대한 내용으로 설명하였다. 특히 Chapter 07 단원에서는 호텔의 객실 수익원에 객실관리부문의 경영계획 업무와 예산수립정책, 투자계획 수립 업무 소개하였다.

참고 Chapter 08 부록으로는 숙박 · 환대산업에서 필요한 숙박약관 및 이용수칙, 숙박산업의 현장에서 가장 기초적인 서비스 기본에 내용을 담았다.

본서는 숙박산업에 운영하는 책임자와 호텔 · 관광 경영학을 강의하는 대학, 교육기관, 학원에서 실무 경험을 중심으로 교육 교재로서 활용하도록 준비 하였다.

끝으로 본서의 출판에 아낌없는 협조를 해 주신 한올 출판사의 임 순재 사장님을 비롯하여 전 직원 분들께 감사드리며, 마지막으로 항상 자식 걱정하시는 부모님과 사랑하는 가족들에게 본서를 바치고자 한다.

2017년 공동 저자 拜上

人生은 지름길이 없다.

나는 큰일을 할 사람이고, 내 인생은 결코 보잘것없지 않아!
나는 내가 원하는 목표를 반드시 이룰 것이다!
나는 어떤 유혹에도 흔들리지 않을 것이다.
실패는 금방 지나갈 것이고, 과거의 실패는 성공을 위한 밑거름이다!
두려움은 걱정에서 생기는 것이다. 잡념을 없애고 목표에만 집중하면 두려움도 극복할 수 있다.
나는 무한한 잠재력을 가지고 있다.
나는 내가 믿는 만큼의 능력을 발휘할 것이다.
나는 다른 사람보다 더 잘 해볼 수 있다.
내가 집중하면 못할 일이 없다.

[스웨이(2015). 인생은 지름길이 없다. 서울:정인미디어]

Contents

Contents

Chapter 01

호텔의 개요

Chapter 01

호텔의 개요

호텔의 역사는 정확한 시기를 파악하는 데에는 시간적, 물리적 환경으로 가늠하기 에 어려움이 많다. 숙박업은 최초 지구가 탄생하면서 인류가 생존을 위해 이동하고, 교류하면서부터 숙박업은 태동했다고 가늠할 수 있다.

🛎 싱가포르 마리나베이 샌즈 호텔 전경

1. 호텔의 역사

호텔의 역사는 정확한 시기를 파악하는 데에는 시간적, 물리적 환경으로 가늠하기 에 어려움이 많다. 숙박업은 최초 지구가 탄생하면서 인류가 생존을 위해 이동하고, 교류하면서부터 숙박업은 태동했다고 가늠할 수 있다. 원시시대에 숙박업의 목적은 생존을 위한 것 그리고 물질 획득뿐만 아니라 생명 보호 및 종족유지를 위한 것이라 고 보여 진다. 하지만 농경사회를 접어들면서 주거형태가 정착이라는 사회현상으로 이어졌고, 생활에 필요한 필수품을 확보 하거나 교환하는 형태로 이어지면서 새로운 상거래가

활발하게 시작되면서, 여행이라고 하는 형태로 이어지고 있다.

특히 고대시대부터 무역, 종교여행, 스포츠 교류 등 다양한 목적의 여행현상이 발생 하면서 숙박시설은 존재하여 왔다. 중세시대 말기에는 현재 호텔의 유사한 개념의 INN(인)이라는 숙박시설이 등장하여 성업하였으며, 숙박시설의 기초적인 기능을 갖춘 숙박, 음식제공, 안전에 필요한 부분만 갖추어 기본적인 숙박 형태이었다.

(1) 고대시대의 숙박산업

고대시대에는 여행업과 숙박업의 관계는 밀접하고, 특수한 관계로 진행되었다. 제한적인 여행이라 한계와 이동의 수단 형태에서 숙박하는 경우가 많았다.

세계 문명을 창조한 수메르족의 화폐의 발명(B.C 4000년경)은 무역 교류의 확장과 교역자들을 위한 숙박시설의 필요성을 가져왔고, 숙박시설은 여행목적이 아닌 지역 간의 문화교류 및 종교적인 순례에 참가하는 임시적인 숙박시설이 대부분이었다.

특히 고대 이집트에서는 메소포타미아(Mesopotamia)의 종교적 목적으로 여행하였고, 호텔의 개념으로 호스피탈리티센터(Hospitality center)의 숙박시설도 등장하였다. 또한 로마시대에는 교육의 중심인 로마의 중심으로 육로와 수로의 교통 발달로 "모든 길은 로마로 통한다"라는 말이 탄생하였다. 고대 로마시대에는 숙박업은 주로 귀족과 부유층, 공용, 상용, 요양목적의 여행자를 위한 숙박시설이 크게 발달하였음을 알 수 있다.

(2) 중세시대의 숙박산업

고대 로마제국의 멸망으로 인해 숙박시설은 아주 쇠퇴하였지만 여행패턴은 성지 순례의 가족여행의 관관이 대부분을 차지했었다. 중세시대에 여관과 같은 숙박시설 의 기능은 주로 수도원이 대신 하였다. 수도원에 숙박되지 않는 여행자들은 주로 민박형태의 공용의 인(Inn) 형태의 건물로 여러 개의 침대가 많은 공동 객

실로 사용 하게 되었다. 그 때 객실 제공이 원활하지 못해 여행자들은 한 장소에서 3일 이상 체류하지 못하도록 제한하였다. 중세시대의 숙박산업은 사업적인 영리를 목적으로 운영하기 보다는 종교적인 개념의 성지 숙박 의미가 매우 높았다. 12 세기부터는 본격적인 영리목적으로 숙박산업을 전환되면서 길드 또는 조합을 결성하면서부터 인(Inn)은 인의 자격을 갖춘 영리업자에게 제한적인 허가를 제공했으며, 음주류를 판매하는 곳도 생기게 되었다.

인(Inn)의 소유권은 개인이 아니라 정부에 지휘아래 관리하였다. 14 세기부터는 유럽의 교역성장으로 인한 여행업 및 숙박업이 성장시대를 맞게 되었다. 특히 16세기 루터의 종교개혁은 중세유럽의 문화적인 큰 변화를 맞이하면서 인(Inn)이 크게 확산 되었다.

(3) 근대시대의 숙박산업

근대시대의 숙박산업은 유럽의 중심으로 왕족, 귀족, 성직자들에게 제한된 단순한 사교적인 모임장소에 국한 되어 호텔산업이 발전하게 되었다. 호텔 내부는 호화스러운 인테리어 장식을 도입하게 되었으며, 근대시대의 가장 변화는 산업혁명과 시민혁명을 거치면서 특수한 계층이 이용하는 호텔에서 대중적인 호텔기업으로 발전하는 계기를 마련하였다.

특히 미국은 대중적인 정보의 상호교환, 사교의 문화 장소를 수행하면서 호텔산업 발전을 가져왔고, 호텔의 다양한 특성에서도 합리적인 인테리어 구조와 운영체계적인 부분에서도 실용적인 운영형태를 갖추었다.

다음은 근대시대의 숙박산업의 대표적인 인물을 중심으로 발전 과정을 설명하겠다. 스위스 출신인 리츠칼튼의 창립자인 세자르 리츠(Cesar Ritz 1850~1918)는 호텔 요리를 고급화 발전시켰으며, 실내장식의 응용과 고급화시켜나가는 호텔경영의 전문성 그리고 체인호텔의 효시를 창조하였으며, 상류층들의 유명 인사들의 영접 및 접대를 통한 마케팅 경영혁신을 주도하기도 하였다. 무엇보다도 "고객은 항상 옳다(Guest is always right)"라는 슬로건을 걸고 고객만족과 고객맞춤 서비스를 실현하였다.

이 시기에 독일에서는 1807년 독일의 온천지인 바덴바덴(Baden Baden)에 건립된 바디쉬 호프(Der Bardische Hof)는 단순한 초기 숙박시설인 인(Inn) 형태에서 객실에 침실, 욕실이 딸린 숙박시설을 설비하였고, 냉수와 온수 공급이 가능한 객실, 호텔현관에 아름다운 정원을 마련하여 근대현대 호텔산업의 초석이 되었다. 뿐만 아니라, 청소년 위주의 숙박시설인 유스 호스텔(Youth Hostel)의 등장으로 건전한 청소년 숙박시설로 발전하게 되었고, 그 이후에는 유럽 및 미국의 전반전인 지역에 확대되어 호텔산업에 크게 영향을 미쳤다.

독일 출신인 리하르트 시르만(Richard Shirmann 1874~1961)는 유스 호스텔(Youth Hostel)의 창시자로서 건전한 청소년 숙박시설을 발전 시켰으며, 청소년 교육과 프로그램을 통한 경영혁신을 이끌어 가기도 했다.

미국에서는 18세기 후반부터 호텔 규모나 호텔 객실 수에서 유럽 호텔산업보다 여러 가지 면에서 발전하는 계기가 되었다.

첫 번째, 경제적인 면에서 지불할 능력만 있으면 이용할 수 있는 대중적인 호텔로 이용할 수 있었다.

두 번째, 합리적인 호텔운영과 경영을 통한 호텔산업 시스템을 구축 하였다.

세 번째, 미국 내 내국인 여행패턴으로 국내 여행객이 증가하여 호텔을 이용 가능하였다.

네 번째, 경제적인 호텔요금과 상용호텔에 맞는 호텔요금에 대한 기반으로 한 호텔예약 시스템으로 인한 부담이 적게 이용할 수 있게 되었다. 이러한 전반적인 내용으로 호텔산업은 더욱 발전시켜 나갈 수 있게 되었다.

특히 미국의 호텔산업은 20세기에 들어와서 국내 여행인구의 증가와 상용(비즈니스)고객의 수준 높은 서비스 요구에 따라 숙박시설형태, 고객 서비스에 맞는 호텔이 등장하게 되었다.

현대호텔의 시초와 호텔의 제왕으로 불리는 스타 틀러(Ellsworth M. Statler)는 미국 호텔산업의 새로운 발전과 서비스 혁신을 가져오게 하였다. 스타 틀러 호텔의 서비스 운영방식은 다음과 같다.

- 고객 지향적인 객실열쇠 서비스
- 안전한 호텔시설을 갖춘 비상 방화문 설치
- "Do not Disturb" 고객 서비스 실시
- 객실에 편리한 고객편의 서비스 실시
- 객실내 편리한 욕실 제공 서비스 실시
- 객실 내 Ice Water(얼음물), 조간신문 무료 배포 서비스 실시

미국 호텔산업에서 상용 객과 대중을 위한 스타 틀러 호텔은 근대호텔 산업에서 '안락', '서비스', '청결'이라는 호텔의 기본적인 모델이 되어 지금까지 내려오고 있다.

(4) 국내호텔의 역사

국내 호텔산업의 발달과정은 삼국시대, 고려시대, 조선시대를 거치면서 다양한 이름(민박, 역관, 객주, 주막)으로 발전하였다. 우리나라의 근대 호텔산업 발전의 역사는 일본인에 의해 1888년 인천에 건립된 '대불 호텔'이 효시였다. 당시 개항된 인천항에 방문하는 일본인과 미국인들을 위한 양식호텔로 설계되었다. 1902년에 '손탁호텔'을 건립하였으며, 손탁호텔은 정치 및 사교의 중심지로서 역할을 하였다.

1912년에 부산과 신의주 철도호텔이 건립되면서 우리나라의 철도발전과 더불어 철도이용객의 편의를 위해 처음으로 숙박시설을 도입하는 근대 호텔 발전의 기틀이 마련되었다.

1914년에는 조선호텔이 건립하게 되었고, 1936년에는 국내 최초의 상용호텔인 반도호텔이 오픈하게 되었다. 상용호텔의 대표적인 양식을 도입한 최대의 시설 규모로 객실 111개(개관당시는 96개, 이후 증축), 서구식 호텔로 150명의 숙박인원을 수용하였으며, 근대 우리나라의 역사와 함께한 '호텔의 왕'이라고 불리고 있다.

1950년 6.25 전쟁 끝난 이후 1958년~1960년 본격적으로 민영호텔이 생겨나면서 우리나라 호텔의 역사는 시작되었다. 1963년에는 국제적인 규모나 시설에 손

색없는 한국관광공사에서 운영하는 워커힐 호텔이 개관 되었다. 그 이후 사보이 호텔, 아스트리아, 매트로 호텔 등 이 오픈하게 되었으며, 1970~1980년 사이에 민

전국 관광숙박업 등록현황

(2016.12.31 기준)

구분		서울	부산	대구	인천	광주	대전	울산	세종	경기	강원	충북	충남	전북	전남	경북	경남	제주	소계
관광호텔업 5성급 특1급	업체수	28	8	2	5	2	1	2	–	3	6	1	–	1	2	5	3	16	85
	객실수	12198	2937	492	1889	325	174	460	–	952	1741	328	–	118	519	1652	668	4485	28,938
4성급 특2급	업체수	42	4	6	9	–	3	2	–	14	8	1	4	3	5	1	2	18	122
	객실수	10627	671	830	1823	–	706	709	–	2406	1244	180	567	362	428	125	210	2022	22,910
3성급 1등급	업체수	62	15	5	4	3	5	1	–	15	10	4	2	3	11	13	9	28	190
	객실수	7872	1801	325	373	228	430	75	–	1558	734	394	105	221	708	968	709	2245	18,746
2성급 2등급	업체수	33	18	2	12	3	4	4	–	25	6	2	5	11	9	10	10	14	165
	객실수	2192	1550	101	646	158	247	252	–	1637	108	316	137	651	423	548	537	1091	10,594
1성급 3등급	업체수	36	11	2	29	6	2	2	–	30	2	6	2	5	3	9	15	13	173
	객실수	2377	1517	72	1406	337	78	65	–	1624	120	287	107	190	134	540	682	766	10,302
등급없음	업체수	79	16	3	8	3	5	3	–	36	11	6	8	7	9	7	6	29	236
	객실수	8005	882	172	637	146	224	115	–	2413	1027	300	573	517	518	394	433	2034	18,390
소계	업체수	280	72	20	67	17	20	14	–	123	39	23	19	30	39	45	45	118	971
	객실수	43271	9358	1992	6774	1194	1859	1676	–	10590	4974	1805	1489	2059	2730	4227	3239	12643	109,880
수상관광호텔	업체수	–	–	–	–	–	–	–	–	–	–	–	–	–	–	–	–	–	–
	객실수	–	–	–	–	–	–	–	–	–	–	–	–	–	–	–	–	–	–
전통호텔	업체수	–	–	–	2	–	–	–	–	–	1	–	–	1	2	1	–	1	8
	객실수	–	–	–	74	–	–	–	–	–	24	–	–	20	61	16	–	26	221
가족호텔	업체수	14	–	–	3	–	1	–	–	6	11	2	3	5	10	5	17	58	132
	객실수	2390	–	–	492	–	80	–	–	409	722	102	178	2045	607	120	1038	3748	11,931
호스텔	업체수	50	37	2	34	–	–	–	–	5	1	1	1	4	87	10	11	149	392
	객실수	1187	405	13	579	–	–	–	–	107	21	29	10	68	1076	141	106	3668	7,410
소형호텔	업체수	4	1	–	2	–	–	–	–	4	1	–	1	1	2	–	–	3	19
	객실수	99	28	–	51	–	–	–	–	106	24	–	20	28	46	–	–	72	474
의료관광호텔	업체수	–	–	–	–	–	–	–	–	–	–	–	–	–	–	–	–	–	–
	객실수	–	–	–	–	–	–	–	–	–	–	–	–	–	–	–	–	–	–
소계 (관광호텔업 외)	업체수	68	38	2	41	–	1	–	–	15	14	3	6	11	100	15	28	211	551
	객실수	3676	433	13	1196	–	80	–	–	622	791	131	188	2153	1772	323	1144	7514	20,036
호텔업 합계	업체수	348	110	22	108	17	21	14	–	138	53	26	23	41	139	60	73	329	1,522
	객실수	46947	9791	2005	7970	1194	1939	1676	–	11212	5765	1936	1677	4212	4502	4550	4383	20157	129,916
휴양 콘도업 합계	업체수	–	4	–	2	–	–	–	–	16	74	8	14	6	7	13	15	57	216
	객실수	–	1385	–	351	–	–	–	–	3150	20009	1983	2749	738	866	2785	2247	7634	43,897
총계	업체수	348	114	22	110	17	21	14	–	154	127	34	37	47	146	73	88	386	1,738
	객실수	46947	11176	2005	8321	1194	1939	1676	–	14362	25,774	3919	4426	4950	5368	7335	6630	27791	173,813

[자료: 한국호텔 협회]

간자본들이 대거 참여하여 많은 호텔 들이 신축 되어 개관하였다.

특히 1980년도에는 86년 아시안게임과 88년 서울올림픽'등을 유치하여 우리나라 호텔산업에 큰 도약을 하게되는 계기 마련되었으며, 국내 대기업의 호텔사업 진출이 본격적으로 확대되었고, 국제적인 체인호텔인 라마다 인터콘티넨탈, 파크하얏트, 그랜드 앰버서더 등이 개관하게 되었다.

쉐라톤 그랜드 워커힐 호텔 전경

2. 호텔의 어원과 개념

호텔은 '일정한 지불 능력이 있는 사람에게 숙소와 식음료를 제공할 수 있는 시설을 갖추고, 사회의 공공사업체로서의 사명을 다하는 서비스 업체'라고 정의한다.

호텔의 근본적인 성격은 병원이나 기숙사와 같은 공공시설로서의 의의를 지녀왔다. 시대의 변천에 따라 호텔의 성격도 매우 다양하게 변해왔다. 단순히 숙박과 식사만을 제공하는 과거의 개념에서 벗어나, 여행자는 물론, 지역 사회의 주민들에게까지도 각종 모임을 위한 연회장과 회의장, 건강을 위한 스포츠 시설, 여가 활동을 위한 시설 및 각종 문화 행사를 제공하고 있다.

Hotel의 어원은 '순례 또는 참배자, 나그네를 위한 숙소'의 뜻인 라틴어의 '호스피탈레(Hospitare)'라는 라틴어에서 파생되었다. 'Hospitare'라는 말에서 Hospital, Hostel로 변천되어, 현대의 숙박 형태인 Hotel로 발달하였다고 본다.

Hospital은 호텔의 가장 기본적인 시설과 형태이며, 현재는 병원이라는 용어로 사용되고 있다. Hospital은 두 가지 의미를 가지고 있었다. 하나는 여행자의 숙소 또는 휴식의 장소이며, 둘은 아픈 사람을 치료하고, 간호하는 시설을 의미했다. 그래서 전자인 경우에는 Hostel, Hotel이 되었고, 후자는 Hospital이 된 것이다. Webster Dictionary에서 Hospital의 어원으로는 '여행객의 숙소와 휴식장소(a place of shelter and rest of travelers)' 설명하고 있다.

오늘날 Hotel과 Hospital에 방문하여 호텔구조와 병원구조에는 비슷한 부분이 상당히 많이 차지하고 있다. 호텔의 로비와 병원의 로비, 호텔의 현관과 병원의 현관, 호텔의 객실과 병원의 객실, 호텔의 식음료와 병원의 식음료, 호텔종사원 서비스와 병원종사원의 의료서비스에 매우 유사한 시스템을 발견 할 수 있을 것이다.

호텔이라는 개념은 Webster Dictionary에서 다음과 같이 정의하고 있다. "일반대중에게 숙박시설과 식사, 그에 따른 서비스를 제공하는 건문인 시설", "a building or institution providing lodging, meals and services for the public"이라고 정의하고 있다. Oxford Dictionary에서는 "여행자를 위해 객실과 식사를 제공하는 건물", "a building where meals and rooms are provided for travelers". 호텔의 개념은 먼저 지불능력이 있는 사람에게 숙식을 제공할 수 있는 시설을 갖추고 종사원의 서비스를 상품으로 판매하는 기업이라고 할 수 있다. 우리나라의 관광진흥법(2010년 6월 15일 대통령령 제 22209호) 제2조에서는 관광사업의 종류에서 호텔업의 종류로는

① 관광호텔업

관광객의 숙박에 적합한 시설을 갖추어 관광객에게 이용하게 한고 숙박에 딸린 음식, 운동, 오락, 휴양, 공영 또는 연수에 적합한 시설등을 함께 갖추어 관광객에게 이용하게 하는 업

② 수상관광호텔업

수상에 구조물 또는 선박을 고정하거나 매어 놓고 관광객의 숙박에 적합한 시

설을 갖추거나 부대시설을 함께 갖추어 이용하게 하는 업

③ 한국전통호텔업

한국전통의 건축물에 관광객의 숙박에 적합한 시설을 갖추거나 부대시설을 함께 갖추어 관광객에게 이용하게 하는 업

④ 가족호텔업

가족단위 관광객의 숙박에 적합한 시설 및 취사도구를 갖추어 관광객에게 이용하게 하거나 숙박에 딸린 음식, 운동, 휴양 또는 연수에 적합한 시설을 갖추어 관광객에게 이용하게 하는 업

⑤ 호스텔업

배낭여행객 등 개별 관광객의 숙박에 적합한 시설로서 샤워장, 취사장 등의 편의시설과 외국인 및 내국인 관광객을 위한 문화, 정보교류, 시설 등을 함께 갖추어 이용하게 하는 업

3. 호텔의 기능과 분류

(1) 호텔의 기능

호텔의 기능은 크게 3가지로 분류 할 수 있다. 첫 번째, 인적 서비스 기능과 두 번째, 물적 서비스 기능 그리고 세 번째, 기타 서비스 기능으로 분류 할 수 있다.

첫 번째, 인적 서비스 기능은 호텔 종사원이 주체가 되어 호텔을 찾는 고객에게 서비스를 제공하는 기본 기능이다. 예약 안내 및 판매 서비스, 객실 룸메이드 서비스, 현관 근무자의 접객 서비스 등이 포함된다.

두 번째, 물적 서비스 기능은 고객에게 호텔 시설을 제공하는 기능을 말한다. 고객에게 호텔에 투숙하는 동안 각 종 시설 제공 기능 등이 여기에 속한다. 편안한 객실을 제공하여 고객들이 만족하고, 편안한 식사를 할 수 있도록 식음료 시설 등을 제공하거나, 각종 모임이나 행사에 세미나나 연회를 할 수 있도록 기타 부대시설을 제공하는 기능 등이 포함된다.

세 번째, 기타 서비스 기능으로는 각종 편의시설이나 다양한 정보의 활용으로 고객의 편의를 제공하는 기능을 말한다. 예를 들면, 비즈니스 센터, 키즈 센터 등이 포함 된다. 현대 호텔의 기능은 다양한 분야에 이르기까지 확대되어 제공하고 있다.

(2) 호텔의 분류

호텔은 위치한 장소, 경영의 형태 및 다양한 특성에 따라 다음과 같이 호텔의 종류를 분류 할 수 있다.

① 호텔 규모를 기준으로 한 분류

소형호텔(객실 수가 50실 미만), 중형호텔(객실수가 50실 이상 150미만), 중형이상의 호텔(객실 수가 150실 이상 300실 미만), 대형 호텔(객실수가 300실 이상 500실 미만), 초대형 호텔(객실 수가 500 실 이상의 호텔)이다.

② 호텔 장소(위치)에 의한 분류

메트로폴리탄 호텔(대도시에 위치하면서 수천 개의 객실과 비즈니스 상에 필요한 시설 및 서비스가 철저히 구비되어있거나 보유하고 있는 호텔을 말한다.) 대표적인 메트로폴리탄 호텔들로는 미국 라스베이거스 호텔들이라 할 수 있다.

도심지 호텔로 도시의 비즈니스센터와 쇼핑센터 등의 중심가에 위치한 시티호텔이라고도 할 수 있으며, 도심지에 위치한 호텔로 고객은 비즈니스 회의, 쇼핑과 사교목적으로 투숙하는 고객층이 대부분이다.

교외 호텔로 도심지 호텔과 달리 한적한 교외에 건립된 호텔이다. 주로 가족층이나 세미나 고객층이나 주로 이용하고 있다. 우리나라에서는 쉐라톤 그랜드워커힐 호텔, 메이필드 호텔 등이 대표적이다.

컨트리 호텔은 시트호텔과 반대되는 개념의 호텔로서 골프, 스키, 등산 등의 레크리에이션 기능을 할 수 있는 호텔이 여기에 속한다.

휴양지 호텔은 조용한 호수나 산악지대 또는 바닷가에 위치하여 휴양을 목적으로 하는 고객을 위한 호텔이다.

에어포트 호텔은 공항 근처에 위치하면서 비행기 일정으로 출발 및 도착이 지연되어 탑승을 기다리는 고객과 승무원들이 이용하기에 편리한 호텔을 말한다.

씨포트 호텔은 공항 호텔과는 달리 항구 근처에 위치하고 있으며, 여객선의 출입으로 인한 승객 및 선원들이 이용하기에 편리한 호텔이다. 우리나라에서는 거의 보기 드문 호텔이다.

터미널 호텔은 철도역이나 공항터미널, 버스터미널에 위치한 호텔을 말한다. 최근 우리나라에서 철도역 주변으로 중저가 호텔이 신축하고 있다.

③ 요금 지불방식에 의한 분류

미국식 요금제도(투숙객의 객실요금에 조식, 중식, 석식)를 포함하여 총 숙박요금으로 계산하는 방법, 유럽식 요금제도(객실요금과 식사요금을 분리하여 별도로 계산하는 방법. 혼합식 요금제도(미국식과 유럽식의 두 가지 요금 제도를 다 적용 하는 호텔), 대륙식 요금제도 (객실요금에 아침식사를 포함시키는 것으로 유럽에서는 일반적인 요금제도), 버뮤다 요금제도(객실요금에 미국식 아침식사를 포함하고 석식을 포함하여 요금을 계산하는 방법)

④ 체제기간에 의한 분류

상용/단기 체류형 호텔(교통이 편리한 장소에 위치하고 보통 1~2일 간의 단기체재의 고객을 주 대상), 장기 체류형 호텔(장기투숙객에게 호텔식 서비스나 편의를 제공하면서 장기간 동안 비의 역할을 해주는 호텔)

⑤ 관광 진흥법에 의한 분류

관광호텔업, 수상관광호텔업, 한국전통호텔업, 가족호텔업, 호스텔 업이다.

⑥ 경영방식에 의한 분류

독립/단독 경영 호텔(독자적 경영형태로 체인에 가입하는 것도 아니고, 경영위탁을 하는 것도 아니므로 호텔소유주는 일반적으로 전문지식을 가진 직원과 총지배인을 고용하여 경영한다.)

> **장점**
>
> - 독자적인 운영 및 경영
> - 의사결정 신속하며, 경영간섭 없음
> - 독창성 개발 및 운영 가능
> - 위탁경영비, 브랜드 사용료 없음

> **단점**
>
> - 해외광고 및 해외마케팅 부재
> - 경영 노하우의 부족으로 인한 호텔 매출 불안정
> - 호텔 운영 및 수익 통계적 측면에서 마케팅 비용이 과다 지출

체인경영 호텔(본사와 가맹호텔의 계약을 통해서 경영하는 호텔 또는 하나의 소유주가 2개 이상의 호텔을 경영하는 것을 말한다.) 본사로부터 경영의 노하우를 전수받고 높은 브랜드 파워 및 인지도를 통하여 조기에 영업력을 확보하기 위해 우리나라에서 체인호텔을 선호하는 이유가 여기에 있다.

리퍼럴 방식 호텔(동업자 결합에 의한 경영방식으로 이미 존재하고 있는 호텔의 독립성은 유지되면서 상호 협력하기 위해 조직적으로 연합하는 형태이다).

임차경영 호텔(임차경영방식은 호텔건물을 지을만한 자금이 부족하여 호텔경영회사에서 임대하는 형태이다.) 호텔의 소유회사는 호텔의 내부와 외부시설, 비품 및 가구 등 호텔을 제공하고 호텔경영회사는 그에 대한 임차료를 지불하는 것이다).

🧑 호텔의 분류

분 류	내 용
규모에 의한 분류	전통적 분류: 소규모, 중규모, 중대규모, 대규모, 초대규모
	현대적 분류: 소규모, 중규모, 대규모, 초대규모
관광진흥법에 의한 분류 [관광숙박업]	호텔업: 관광호텔업, 수상관광호텔업, 한국전통호텔업, 가족호텔업
	휴양 콘도미니엄업
위치에 의한 분류	도심호텔, 휴양호텔, 교외호텔 터미널호텔(공항, 항구, 철도, 고속버스터미널)

분 류	내 용
숙박목적에 의한 분류	상용호텔, 국제회의용 호텔, 주거용 호텔, 스포츠·레저호텔
숙박시설 및 서비스 형태에 의한 분류	전관특실호텔, 모텔, 모터호텔, 교육회관, 여관, 숙소, 민박, 천막촌, 실버텔, 호화유람선
경영형태에 의한 분류	독립호텔
	체인호텔: 위탁경영호텔, 프랜차이즈경영계약호텔, 리퍼랄 그룹

[자료: 박대환외 공저, 호텔객실영업론 p19, 백산출판사]

4. 호텔 기업의 특징과 조직

(1) 호텔기업의 특징

호텔 기업은 고객에게 숙박 시설과 식음료 및 각종 부대시설 서비스를 제공하고, 고객의 안전과 재산을 보호 하며, 연회나 세미나를 위한 공공장소를 제공해 주는 곳이다.

호텔 기업은 인적 서비스 기능과 물적 서비스 기능 그리고 기타 서비스 기능을 하나의 상품으로 판매하는 무형의 서비스를 제공하는 기업 경영 활동인 것이다. 호텔 기업은 주로 호텔의 위치, 재무 구조 형태, 규모 및 경영 기법에 따라 다소 차이가 있지만 호텔 산업의 기본적이며, 공동적인 특징은 다음과 같다.

① 고정 자산에 대한 의존성

호텔 기업은 건물과 시설 자체가 하나의 상품이 되기 때문에 건물이나 시설의 비중이 전체 투자액의 70~80% 차지하여 고정자산에 대한 의존성이 타 기본보다 매우 크다.

② 인적 서비스에 대한 의존성

호텔 기업에서 가장 중요한 요소는 인적 자원이므로 호텔은 내부마케팅, 복지 시스템 구축, 동기 부여, 인적 자원 관리에 높은 관심을 가져야 한다.

③ 시설의 노후화

호텔 시설은 상품 자체가 건물과 시설로 혼용되어 사용되어 지는 이유로 고객들에 의해 훼손되거나 파손되어 시설이 쉽게 노후화가 빠르다.

④ 자본 수지의 균형성

일반 기업보다 경영 합리화 하는데, 자본 회전율이 낮게 나타나는 경우가 많다.

⑤ 365일, 연중무휴 운영

365일, 24시간 동안 고객의 생명과 재산을 보호하는 "Best of Best" 서비스가 제공되어야 한다.

⑥ 생산과 판매의 동시성

호텔 상품에는 무형적인 상품이 대다수 차지한다. 무형적인 물적 서비스 및 호텔 종사원의 인적서비스가 하나의 상품으로 생산되면서 동시에 판매된다. 호텔의 주요 상품인 객실은 당일에 팔리지 않으면 가치가 없어질 뿐만 아니라 저장성이 되지 않아 매출 발생되지 않은 것이다.

특히 식음료 업장에서 음식 및 음료인 경우에는 고객의 주문에 따라 판매로 연결되어 생산 과정과 판매 과정이 동시에 이루어진다.

⑦ 수요와 공급의 조화

호텔의 관광 성수기와 비수기의 격차가 심하여 호텔 상품의 수요와 공급의 조화가 이루어지지 못하는 경우가 많다.

(2) 호텔 경영 조직의 의의

호텔의 조직은 일반 기업의 조직과 구성원과 달리 업무 담당자 사이에 밀접한 관계와 조직원 구성원의 팀워크 그리고 협조와 결합이 아주 필요하며, 이 결합의 형태가 수익성 높은 호텔, 만족도 높은 호텔로 평가되어 나타난다. 호텔 조직 구

성원의 기능에서와 같이 각 호텔 종사원의 업무가 분장되어 권한과 책임의 한계를 명확히 하는 직무 분장이 전제되어야 한다.

호텔부서는 업무영역에 따라 다양한 방법으로 구분하지만 일반적인 호텔 조직 분류 방법은 대고객 접점에서 고객에게 서비스를 제공하는 Front of The House^(영업부서)와 Back of The House^(관리부서)로 구분 한다. 영업부서는 고객에게 상품을 제공하고 판매하는 부서로 Rooms Division^(객실부서)와 Food & Beverage Division^(식음료 부서)로 구분되며, Administration & General Division^(관리부서) 부분으로 나눌 수 있다.

(3) 호텔 경영 조직

호텔은 일반적으로 객실 수가 50실미만은 소형호텔, 객실 수가 50실 이상 150실 미만은 중형호텔, 객실 수가 150실 이상 300실미만은 중형호텔이상 호텔로 구분하며, 객실 수가 300실 이상 500실미만은 대형호텔, 객실 수가 500실 이상의 호텔인 경우 초대형 호텔로 구분한다, 대형 호텔은 일반적으로 300실 이상의 객실을 갖춘 호텔을 말하는데, 조직의 가장 큰 특징은 직무의 분업화 및 전문화이다. 대형 호텔의 종사원의 조직원들은 조직의 흐름을 정확하게 파악하여 신속, 정확하게 문제를 해결할 수 있도록 해야 한다.

① Rooms Division(객실부서)

객실부서는 Front Desk와 House Keeping으로 구성하며, Front Desk는 호텔을 이용하는 모든 고객과 접점 하는 최초의 부서이자 마지막 부서로 호텔안내, 객실예약, 객실배정, 객실체크인 절차, 체크아웃 절차, 짐 보관업무, 우편물 취급 업무와 교환업무 등으로 모든 호텔의 중심이 되는 아주 중요한 중추적인 역할을 하는 핵심 부서이다. House Keeping는 객실정비와 보수 및 객실청결상태를 유지하며 판매할 수 있도록 상품화하는 부서이다.

② Food & Beverage Division(식음료 부서)

Food & Beverage Division^(식음료 부서)는 주로 음식과 음료를 판매하는 부서로 식

대규모 호텔 조직

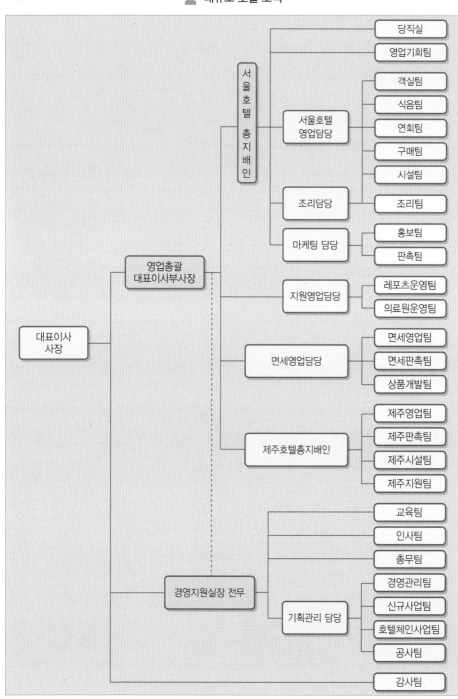

음료부서는 음식과 음료를 생산하고 판매하는데, 생산부서(주방)와 매부서(서비스)로 구성되어 있으며, 최근 Food & Beverage Division에서는 호텔 투숙객뿐만 아니라 외부 고객에게 케이터링을 판매하는 경우도 많다. 호텔 규모에 따라서 식음료부서를 주방은 주방부서의 책임자가 관리하기도 하고, 식음료는 식음료부서의 책임자가 각각 관리하여 조직을 구성하는 경우도 많다.

③ Administration & General Division(관리부서)

Administration & General Division(관리부서)는 대고객 서비스 및 매출향상을 위해 지원해야 하는 부서로 전 부서와 상호 협력하여 매출 극대화를 나타낼 수 있는 것이다. 총무부는 호텔에서의 대관업무, 등급심사, 위생검사, 인허가을 주로 담당하며, 인사부는 채용, 직무, 고과, 교육, 급여 관리까지 관리하는 업무를 담당하며, 경리부는 호텔에서의 재정을 담당하는 부서로서 대차대조표, 손익계산서, 현금흐름표 등 호텔 내부적으로 매출, 비용, 기타 업무를 담당한다. 구매부서는 호텔내의 각종 객실비품, 식음료 부서의 식자재, 원자재 및 비품에서 구매를 담당하는 부서이다.

세종 호텔 Front Desk & Lobby

(4) 호텔의 부문별 직무내용

① General Manager(GM_총지배인)

경영의 최고 책임자로서 경영전반의 지휘, 통제의 업무를 관장하며, 매출 및 투자에 대한 이익 확보를 해야 한다.

② Executive Assistant Manager(부 총지배인)

총지배인을 보좌 및 업무 대행을 수행하는 직무이다.

③ Duty Manager(당직 지배인)

총지배인 직속으로 총지배인을 대신하여 고객을 접대, 순찰업무 및 고객 불만처리를 담당한다.

④ Department of Planing and audit(기획 심사부)

총지배인 또는 대표이사의 직속별도 부서로서 기획업무와 심사업무를 구분하여 주로 직무를 수행한다.

⑤ Room Division(객실부)

객실영업과에 주로 현관서비스, 프런트 데스크, 교환실, 비즈니스 센터와 객실정비과에는 룸메이드, 린넨실, 세탁실 등이 속한다. 예약업무: 호텔상품을 구매하는 최초의 부서이며 예약접수, 초과예약관리, 노쇼의 통제, 고객정보관리, 매출관리의 역할을 수행한다.

● 현관서비스업무

Door Man과 Bell Man으로 구분되어 지며, 호텔을 찾는 최초의 영접부서로서 첫 인상과 마지막 환송하는 역할을 수행하며, 고객차량관리, 현관문 개폐관리, 로비정돈, 메시지 전달, 룸체인지, 신문제공 등 다양한 서비스를 수행한다.

- Front Desk 업무

  고객을 최초로 영접하고, 고객이 체크아웃 할 때 고객을 이어주는 접점역할을 수행하며, 호텔상품의 판매를 통해 호텔수입을 발생시키는 중추적인 역할을 한다.

- House Keeping업무

  호텔내·외부의 시설유지 및 관리, 안전과 청결 등에서 최상의 상태에서 관리하는 업무를 수행한다. 특히 고객의 안전을 위해 화재·위생·도난 등에 대한 특별한 관심과 주의가 필요하다.

⑥ Department of Food and Beverage(식음료 부)

식당, 음료, 연회, 조리부로 통합되어 운영한다.

⑦ Administration & General Division(관리부)

인사과, 총무과, 전산과, 경리과, 구매과, 검수과, 후생복지, 부대시설 업무를 관장하는 곳이다.

⑧ Department of Engineering(시설부)

기계과, 전기통신과, 영선과, 방재과 등이 속한다.

5. 호텔의 등급

문화체육관광부 공고 제 2015-85호에 호텔업 등급제를 국제적인 추세에 맞추어 관광 진흥법을 재정하여 등급표시 제도를 개정하였고, 호텔 등급제에 대한 내용을 다음과 같다.

호텔 등급별 서비스 정의 및 필수항목

1. 등급별 호텔 서비스 기준 정의

● **1성급 호텔**

고객이 수면과 청결유지에 문제가 없도록 깨끗한 객실과 욕실을 갖추고 있는 조식이 가능한 안전한 호텔.

● **2성급 호텔**

고객이 수면과 청결유지에 문제가 없도록 깨끗한 객실과 욕실을 갖추며 식사를 해결할 수 있는 최소한 F&B 부대시설을 갖추어 운영되는 안전한 호텔.

● **3성급 호텔**

청결한 시설과 서비스를 제공하는 호텔로서 고객이 수면과 청결유지에 문제가 없도록 깨끗한 객실과 욕실을 갖추고 다양하게 식사를 해결할 수 있는 1개의 이상(직영·임대포함)의 레스토랑을 운영하며, 로비, 라운지 및 고객이 안락한 휴식을 취할 수 있는 부대시설을 갖추어 고객이 편안하고 안전하게 이용할 수 있는 호텔.

● **4성급 호텔**

고급수준의 시설과 서비스를 제공하는 호텔로서 고객에게 맞춤 서비스를 제공. 호텔로비는 품격있고, 객실에는 품위 있는 가구와 우수한 품질의 침구와 편의용품이 완비됨. 비즈니스 센터, 고급 메뉴와 서비스를 제공하는 2개이상(직영·임대포함)의 레스토랑. 연회장. 국제회의장을 갖추고, 12시간 이상 룸서비스가 가능하며, 휘트니스센터 등 부대시설과 편의시설을 갖춤.

● **5성급 호텔**

최상급 수준의 시설과 서비스를 제공하는 호텔로서 고객에게 최고의 맞춤 서비스를 제공. 호텔로비는 품격있고, 객실에는 품위 있는 가구와 뛰어난 품질의 침구와 편의용품이 완비됨. 비즈니스 센터, 고급 메뉴와 최상의 서비스를 제공하는 3개이상(직영·임대포함)의 레스토랑. 대형 연회장. 국제회의장을 갖추고, 24시간 룸서비스가 가능하며, 휘트니스센터 등 부대시설과 편의시설을 갖춤.

2. 호텔등급결정 항목별 자율평가 점수 배점시 유의사항

※ **정성적 평가항목 5단계: 평가호텔과 5성급 호텔수준과 비교평가**

① 매우우수: 국내 최우수사례 (Best Practices)로 여겨질 수 있는 수준. 최우수 사례란 타 호텔의 벤치마킹 대상 또는 고객 감동을 줄 수 있는 수준

② 우수: 고객의 기대치를 충족시키거나 고객만족을 제공하는 수준
③ 보통: 최소한의 의무적인 수준 (예: 법률적 규정, 호텔업계의 보편적 수준)을 충족하거나, 고객이 당연하다고 판단할 수 있는 수준
④ 미흡: 호텔 서비스가 고객의 보편적 기대에 못 미치는 수준
⑤ 매우미흡: 고객의 불평불만을 발생시킬 수 있는 호텔 서비스 수준

※ 호텔업 등급결정 홈페이지: www.hotelrating.or.kr

자율평가시 등급결정 신청호텔은 항목별로 후한 점수를 부여하는 문제점이 있어 실제 등급결정 현장평가 시 구 무궁화등급의 경우 희망 등급보다 1~2단계 하락하고 등급보류를 받는 사례가 다수 발생하고 새로운 별 등급의 경우 희망등급 평가기준에 누락하여 등급보류 판정이 나오고 있음. 이를 방지하기 위한 해당호텔의 등급별 평가기준과 항목에 맞는 객관적인 자율평가가 필요함

현장평가 혹은 불시평가시 평가요원은 위의 5단계 정성적 평가항목을 기준으로 점수를 부여하기 때문에 자율평가시 피평가 호텔의 서비스가 호텔업계의 타의 모범이 될만한 매우 우수한 서비스를 제공하는 경우를 제외하고는 매우 우수, 우수로 평가받기 쉽지 않고, 통상적으로 평균적인 점수인 보통으로 평가 받는 경우가 다수임.

만약 평가항목이 매우 우수, 우수하다고 자율 평가한 경우 이에 대한 객관적인 근거를 현장평가시 평가요원에게 제시할 필요가 있음

3. 호텔 등급별 필수항목

● 공용공간 서비스 부문

평가항목	★	★★	★★★	★★★★	★★★★★
예약서비스				필수(외국어)	필수(외국어)
보안시설	필수	필수	필수	필수	필수
로비의 안락감	필수	필수	필수	필수	필수
현관 및 로비종사원(도어맨 등)					필수
환전서비스				필수	필수
프론트 근무자의 능력				필수	필수
고객등록카드 작성	필수	필수	필수		

● 객실 및 욕실부문

평가항목	★	★★	★★★	★★★★	★★★★★
객실의 관리상태				필수	필수
객실내 가구 구비 및 관리	필수	필수	필수	필수	필수

평가항목	★	★★	★★★	★★★★	★★★★★
객실 편의용품	필수	필수	필수	필수	필수
침대 및 침구류	필수	필수	필수	필수	필수
객실의 청결상태	필수	필수	필수	필수	필수
객실의 냉난방	필수	필수	필수	필수	필수
객실의 보안관리	필수	필수	필수	필수	필수
객실내 비상안내지침	필수	필수	필수	필수	필수
객실내 안내물 비치				필수	필수
고객모니터링 시스템	필수	필수	필수	필수	필수
욕실의 편의용품				필수	필수
욕실가구의 품질	필수	필수	필수	필수	필수
욕실의 청결 및 관리	필수	필수	필수	필수	필수
욕실의 환기 및 배수	필수	필수	필수	필수	필수

● **식음료 및 부대시설 부문**

평가항목	★	★★	★★★	★★★★	★★★★★
식음료업장 유무	필수(조식)	필수(조식)	필수(조식)	필수(최소2개)	필수(최소3개)
주방청결 및 쓰레기분리수거					필수
식재료보관 및 저장관리	필수	필수	필수	필수	필수
휘트니스센터 제공 및 수준				필수	필수
회의(연회장)가능 시설				필수(최소50명)	필수(최소50명)
회의실 확보여부				필수	필수
비즈니스센터 운영				필수	필수

4. 등급별 암행항목 (불시평가)

● **공용공간 서비스 부문**

평가항목	★	★★	★★★	★★★★	★★★★★
예약서비스 (전화상담)				암행	암행
호텔외관, 조경 등				암행	암행

평가항목	★	★★	★★★	★★★★	★★★★★
주차장 관리요원의 서비스				암행	암행
종사원의 복장 및 용모	불시	불시	불시	암행	암행
현관 및 로비 종사원 기능	불시	불시	불시	암행	암행
화장실의 유지관리	불시	불시	불시	암행	암행
프론트 근무자의 서비스	불시	불시	불시	암행	암행
호텔 인터넷 예약서비스	불시	불시	불시	암행	암행
고객등록카드 작성	불시	불시	불시		

● 객실 및 욕실부문

평가항목	★	★★	★★★	★★★★	★★★★★
객실의 관리상태	불시	불시	불시	암행	암행
객실내 가구의 구비, 관리	불시	불시	불시	암행	암행
객실의 편의용품 제공, 품질	불시	불시	불시	암행	암행
침대 및 침구류 관리	불시	불시	불시	암행	암행
객실의 청결상태	불시	불시	불시	암행	암행
객실의 냉난방상태	불시	불시	불시	암행	암행
룸서비스 제공			불시	암행	암행
객실내 비상시 안내지침	불시	불시	불시	암행	암행
객실내 안내물 비치				암행	암행
세탁서비스					암행
욕실의 청결 및 관리				암행	암행
욕실의 편의용품 제공	불시	불시	불시	암행	암행

● 식음료 및 부대시설 부문

평가항목	★	★★	★★★	★★★★	★★★★★
식당 종사원의 서비스상태	불시	불시	불시	암행	암행
고객에 대한 접객 태도	불시	불시	불시	암행	암행
식당내부의 관리 및 청결	불시	불시	불시		

평가항목	★	★★	★★★	★★★★	★★★★★
메뉴와 정보전달 체계				암행	암행
주방청결 및 쓰레기 분리	불시	불시	불시		
식재료 보관 및 저장관리	불시	불시	불시		
음식 제공 서비스				암행	암행
체크아웃				암행	암행
배웅				암행	암행

5. 호텔 등급별 기준점수

★		★★		★★★		★★★★		★★★★★	
현장	불시	현장	불시	현장	불시	현장	암행	현장	암행
400	200	400	200	500	200	585	265	700	300
총 배점600		총 배점600		총 배점700		총 배점850		총 배점1,000	
총점의 50%이상 획득시		총점의 60%이상 획득시		총점의 70%이상 획득시		총점의 80%이상 획득시		총점의 90%이상 획득시	

※현장: 사전에 협의한 일정에 방문하여 호텔측에서 준비한 사항 평가하는 방식
※불시: 사전에 방문일정을 협의하지 않고 불시에 방문하여 그 상태 그대로 평가 (당일)
※암행: 손님으로 투숙하여 직접 호텔서비스를 체험하면서 평가하는 방식(1박2일)

　　새로운 스타 등급 제도는 한국관광공사에서 직접 심사하며, 기존의 현장평가 점수에 암행·불시 평가가 병행된다. 등급심사 평가항목은 등급설정을 나타내는 요소인 거시적인 부분과 미시적인 부분으로 분류하여 등급결정을 하게 된다. 거시적인 부분으로서는 외관형성, 내장, 객실크기, 스위트룸구비, 부대시설, 가구, 집기, 비품, 조명기기, 음료, 연회 등의 공공 장소, 로비 등의 공간적 환경, 주차시설의 유무, 정원 등이다. 또한 미시적인 부분으로서는 직원의 응대서비스, 서비스의 정도, 로비의 분위기, 레스토랑의 메뉴, 요리의 독창성 및 내용, 그리고 요리의 맛 등이다.

👤 등급별 호텔 기준 정의

구분	호텔 등급 이미지	내용
1성급 호텔	★	고객이 수면과 청결유지에 문제가 없도록 깨끗한 객실과 욕실을 갖추고 있는 조식이 가능한 안전한 호텔
2성급 호텔	★★	고객이 수면과 청결유지에 문제가 없도록 깨끗한 객실과 욕실을 갖추며 식사를 해결할 수 있는 최소한 F&B 부대시설을 갖추어 운영되는 안전한 호텔
3성급 호텔	★★★	청결한 시설과 서비스를 제공하는 호텔로서 고객이 수면과 청결유지에 문제가 없도록 깨끗한 객실과 욕실을 갖추고 다양하게 식사를 해결할 수 있는 1개 이상(직영 임대포함)의 레스토랑을 운영하며, 로비, 라운지 및 고객이 안락한 휴식을 취할 수 있는 부대시설을 갖추어 고객이 편안하고 안전하게 이용할 수 있는 호텔
4성급 호텔	★★★★	고급 수준의 시설과 서비스를 제공하는 호텔로서 고객에게 최고의 맞춤 서비스를 제공. 호텔로비는 품격있고, 객실에는 품위 있는 가구와 우수한 품질의 침구와 편의용품이 안뵈됨. 비즈니스 센터, 고급 메뉴아 서비스를 제공하는 2개이상(직영 임대포함)의 레스토랑, 연회장, 국제회의장을 갖추고, 12시간이상 룸서비스가 가능하며, 휘트니스센터 등 부대시설과 편의시설을 갖춤.
5성급 호텔	★★★★★	최상급 수준의 시설과 서비스를 제공하는 호텔로서 고객에게 최고의 맞춤 서비스를 제공. 호텔로비는 품격있고, 객실에는 품위 있는 가구와 뛰어난 품질의 침구와 편의용품이 완비됨. 비즈니스센터, 고급 메뉴와 최상의 서비스를 제공하는 3개이상(직영 임대포함)의 레스토랑, 대형 연회장, 국제회의장을 갖추고, 24시간 룸서비스가 가능하며, 휘트니스센터 등 부대 시설과 편의 시설을 갖춤.

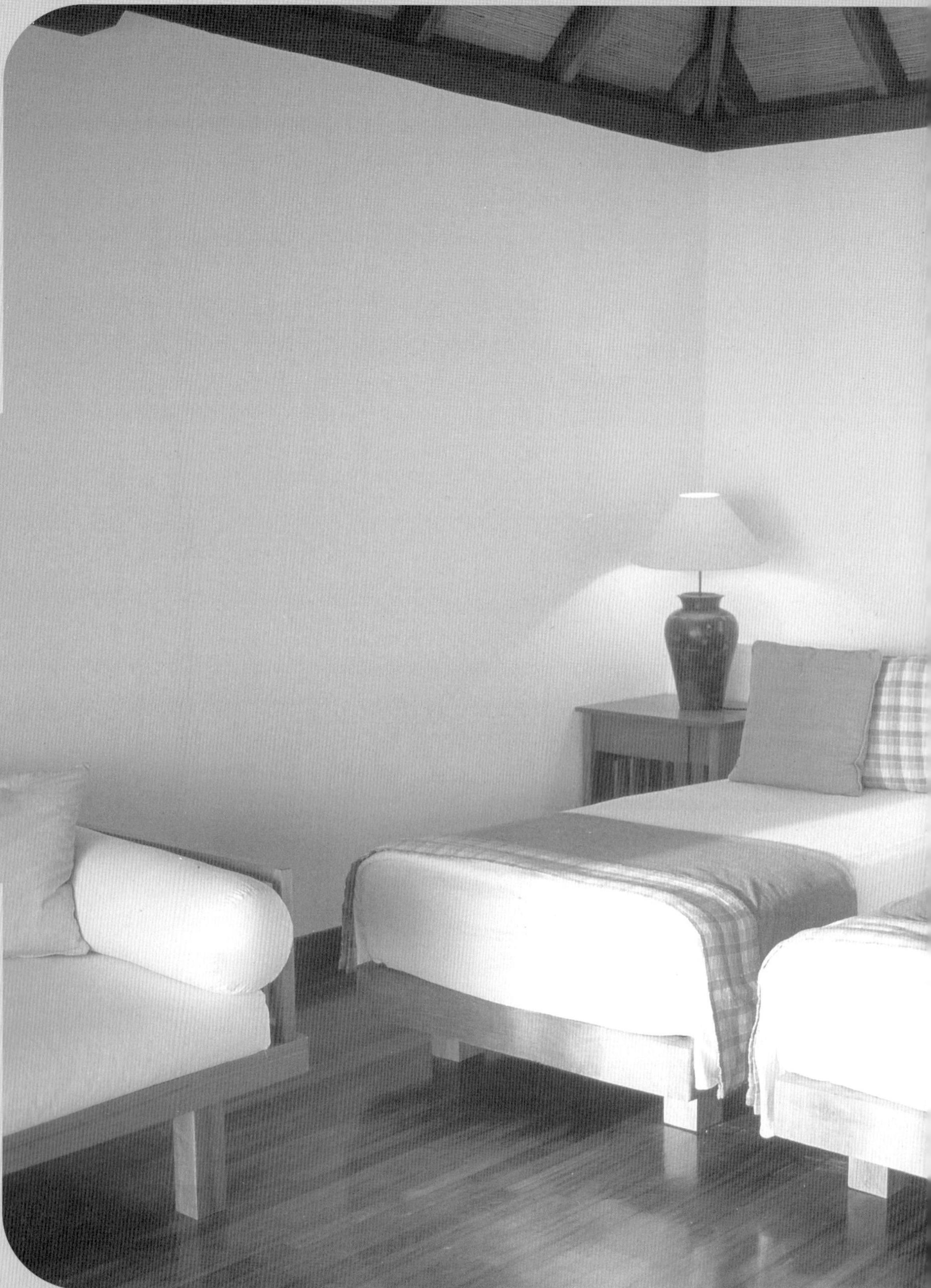

Chapter • 02

Chapter
02

호텔 객실의 **이해**

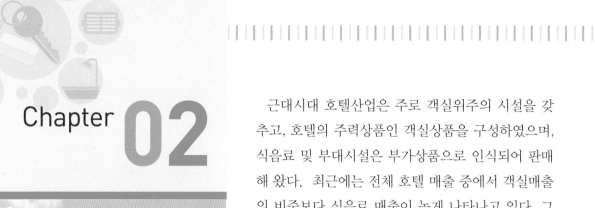

Chapter 02

호텔 객실의 이해

근대시대 호텔산업은 주로 객실위주의 시설을 갖추고, 호텔의 주력상품인 객실상품을 구성하였으며, 식음료 및 부대시설은 부가상품으로 인식되어 판매해 왔다. 최근에는 전체 호텔 매출 중에서 객실매출의 비중보다 식음료 매출이 높게 나타나고 있다. 그 이유는 기업 세미나, 각 종 연회 행사의 식음료 이용객의 증가로 하지만 호텔의 순수익측면에서는 객실상품이 높은 편이다. 호텔산업의 지표가 되는 요소로는 호텔의 객실 수, 객실 시설, 객실 판매 수, 객실점유율, 객실평균요금 등 대부분 호텔객실 영업을 기준으로 삼고 있다.

🧑 파크 하얏트 호텔 객실

1. 호텔 객실의 조직 및 업무

(1) 호텔 객실의 조직 및 업무

객실 조직의 구성원은 역할 중에서 제일 첫 번째로 지향해야 하는 부분은 고객만족, 고객감동 서비스를 실천하는 것이다. 객실 조직 구성원은 매뉴얼화 되어 있는 조직구성과 업무를 수행 할 수 있도록 반복 교육을 통한 고객서비스 질 관리를 이행해야 한다.

특히 객실 부서장은 객실관리, 직원의 서비스 관리, 객실영업관리을 통해 호텔 매출 극대화를 통한 이익과 창출이 동시에 이루어 나가야 한다. 객실 부서장은 고객 니즈가 다른 계층의 고객을 접하는 곳이기 때문에 고객서비스 향상을 위한 다양한 국가의 외국어 서비스 교육, 호텔의 신뢰도를 향상할 수 있는 품격 있는 서비스 마인드 구축을 위해 노력해야 한다.

호텔의 각 부서와의 업무협력관계 및 식음료 예약 부서, 객실 예약 부서, 관리 부서와 긴밀한 유지관계와 협력을 통한 호텔 업무 효율 및 좋은 성과를 높일 수 있다. 객실 부서의 주요 업무는 첫 째, 근무 스케줄에 따른 인원확보가 중요한 부분을 차지하며, 객실 예약 시스템을 통한 장비의 현대화가 필요하다. 둘 째, 객실 노후화 대비를 위한 중·장기 계획을 수립하여 고객 트렌드에 맞는 객실 인테리어가 반영해야 한다. 셋 째, 연중 고객만족을 위한 서비스교육을 수립하고, 이행해야 한다. 각 부서별 협조 체계 구축 및 고객정보 파악을 통한 마케팅 부서의 지원이 중요한 부분이며, 고객 불평처리 및 충성고객 관리를 위한 모니터링을 시행하여 객실판매 전략 수립에 힘써야 한다.

주로 호텔기업의 객실 조직은 호텔 규모 및 입지여건에 따라 큰 차이를 두고 이따. 주로 중형 호텔의 조직인 경우 총지배인 또는 객실부장이 업무 관장하여 객실영업, 객실관리, 고객 서비스, 부대 시설업, 예약부 관리, 도어맨 관리, 린넨 부서르 맡아서 관리하게 된다.

👤 객실 부서 업무 계획 서식

객실 부서 업무 계획

결재	담당	주임	대리	차장
	/	/	/	/

● 기간

실시:　　　　년　　　/　　　～　　　/
예정:　　　　년　　　/　　　～　　　/

	객실업무	기타업무
실시사항		
예정사항		
특이사항		

※ 꽃 전체 투입량: _____개　　신청수: _____개　　객실수: _____개 _____%
※ 와인 전체 투입량: _____병　　신청수: _____병　　회수량: _____병 _____%

2. 호텔객실의 개념 및 특성

(1) 호텔객실의 개념

What is a Hotel?

호텔이란 호텔을 방문하는 모든 고객에게 호텔에서 제공하는 식사와 객실을 제공하는 것이 가장 기본적이면서 중요한 역할이다. '객실'을 제공한다는 것은 곧 숙박상품이 되는 것이며, 호텔 매출에서 가장 큰 부분을 차지하는 것이다. 전세계 모든 호텔기업은 객실상품판매와 관리에 집중하는 것이 이러한 이유인 것이다. 호텔의 모든 부서 중에서 객실은 가장 높은 수익 특히 이익마진을 높여 주기 때문에 호텔경영 및 운영에서 가장 중요한 역할을 차지하는 것이다.

호텔 객실은 호텔을 방문하는 고객이 호텔에 투숙하여 퇴숙할 때까지 연결되는 전 과정에 해당하는 종합적인 부분으로 호텔 내에서 가장 중요한 부분을 차지하기 때문에 호텔 객실은 웹스터 사전에서는 "공간을 통한 벽에 의해 분리되어 건축물 내의 공간 또는 유사한 공간의 벽 등에 의해 분리된 공간"으로 정의하고 있다. 또한 관광 분야의 객실에 대한 내용을 살펴보면 항공, 열차, 여객선은 '중·장거리 이동'이 중요한 수단이지만 호텔 객실의 경우와는 다소 차이가 있다.

👤 현대호텔 경주 스위트 객실

호텔 객실의 현대적 의미로 정의한다면 "호텔을 방문하는 고객에게 편안한 휴식과 조용하고 안락한 숙소 또는 잠자리 장소로 제공하는 건축물 공간의 일부"라고 할 수 있다.

(2) 호텔객실의 특성

호텔 객실은 주로 호텔경영 및 운영관리 측면에서 몇 가지 특성을 가지고 있다. 특히 호텔객실은 365일, 하루 24시간 지속적인 생산과 판매가 동시에 이루어지는 곳이다.

첫째, 비저장성으로 호텔객실은 당일 판매되지 않으면 일시 저장해 두거나 중·장기적으로 저장해서 다른 날 호텔을 방문하는 고객에게 재판매 할 수 없는 한시적인 상품인 것이다. 둘째, 비유통성 및 비탄력적이다. 호텔 객실은 제조업에서 생산하는 제품처럼 다양한 유통과정을 거쳐 판매되는 것이 아니라 고객이 직접 호텔에 방문하여 사용해야 하는 특수한 특성을 가지고 있다. 또한 호텔 객

서울 코리아나 호텔 클럽 객실

실은 판매 숫자는 고정되어 있기 때문에 객실 수요의 변화에 따라 신축성 있게 공급을 조정할 수가 없다. 셋째, 시설의 노후화 너무 빠르다. 호텔 객실 시설은 일반 제품과 달리 365일, 24시간 이용에 대한 회전속도로 인해 훼손 정도가 심해서 시설의 노후화가 빠르게 오는 경우가 많다. 특히 객실내 객실침대, 가구, 욕실 등 이다. 호텔 시설의 조기 노후화는 다른 기업에 비교하자면 심각한 문제로 간주 할 수 있다.

일반적으로 목조 건물 내구연한이 30년에 비해 호텔은 15년이며, 일반용 가구는 10년이지만 호텔 객실 가구는 5년으로 내구연한이 매우 짧은 편이다.

넷째, 고정비의 비율이 매우 높다. 호텔객실은 비 저장성 중 판매되지 못한 객실이 있더라도 호텔운영 및 경영 측면에서는 객실영업 부서 및 객실관리에서 일정의 고정 인건비와 최소의 유지 관리비(온 냉방기 · 광열비) 등 고정비는 지속적으로 비용이 발생한다. 곧 고정비 측면에서 호텔객실이 판매되지 않는 경우에 객실수익률에 대한 비용이 증가하게 된다. 호텔 객실의 운영 및 경영적인 측면에서 일일 객실가격 · 점유율 · 객실매출 등을 고려한 객실매출관리(Room Revenue)가 중요하다.

3. 호텔 객실의 기능 및 분류

(1) 호텔 객실의 기능

호텔 객실은 고객니즈에 맞는 다양한 기능을 호텔 이용 고객에게 제공하고 있으며, 호텔 기업의 통상적인 지표가 되는 부분이 객실 상품이다. 호텔 객실 상품은 시설 초기 투자비가 매우 높은 편이지만 호텔 객실 판 매시에는 원가비용이 식음료에 제공하는 상품에 비해 비용이 낮게 나타나고 있다. 이런 측면에서 호텔에서 객실 위주의 판매 상품을 집중하는 것이 호텔 수익 및 운영 전략을 펼쳐 나가는 것이 중요하다. 주로 호텔 객실 기능은 수면 공간, 업무적인 공간, 위생 공간, 수하물 공간, 개인 안전 공간으로 분류하여 호텔 고객에게 안전하고 안락한 숙박 시설 장소를 제공하는 공간이다.

객실은 일반적으로 객실 순수 기능적 요인과 심리적 요인을 갖춘 공간을 의미하며, 객실 순수 기능적 요인의 요소로는 먼저 실내의 가구치수 및 배열, 인테리어 컬러톤 등이 있다.

객실 내의 인테리어에는 안전한 느낌의 디자인과 불특정 다수가 선호하는 재질과 마감이 필요하다. 또한 천장의 높이, 환기, 온도, 방음 시설에 신중을 기해야 한다. 특히 방음 시설에 대해서는 편안하고, 안락한 공간이 중요하기 때문에 객실 간 객실 소음이 없도록 설계되어야 하며, 편안한 휴식과 수면을 위한 세심한 부분까지 공사계획에 포함하여 방음대책이 필요하다. 객실을 보호하기 위해서는 외벽창, 객실 칸막이 출입문, 기타 설비 등에 주의해야 한다.

호텔 객실의 심리적 요인으로 객실 실내의 공간은 호텔 객실의 순수목적과 기능적인 측면, 객실의 독창성과 개성미를 고려하여 재질, 색감, 인테리어 재료 등 모든 곳에서 치밀한 계획수립이 필요하다.

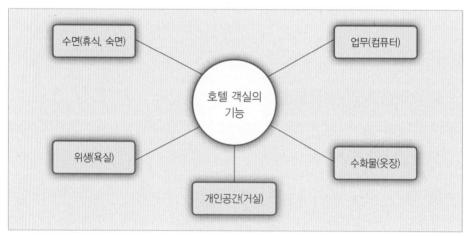

호텔 객실의 기능

(2) 호텔 객실의 분류

① Room Bed Type(객실 침대)에 의한 분류

호텔 객실은 고객의 다양한 취향을 살리게 위해 차별화된 객실을 확보하는 것이 중요하다. 호텔에서는 더블 룸과 트윈룸을 확보하여 객실 판매율을 높이는 것이 일반화 되어 있다.

● **Single Bed Room**(싱글 베드 룸)

객실에 1인 투숙 가능한 침대가 구비되어 있으며, 싱글 베드 사이즈는 일반적으로 110 x 200cm으로 주로 유럽, 일본에서 흔히 사용하고 있다.

The First Inn Hotel

● **Double Bed Room**(더블베드 룸)

더블 룸은 싱글베드룸의 보통 1.5배 크기 이상의 2인용 침대 1개를 준비하여 2명이 동이 이용할 수 있도록 되어 있다. 더블베드 사이즈는 150×200cm으로 최근에는 160×200cm 사이즈로 크게 제작하여 사용하기도 한다.

오키나와 더블트리 힐튼호텔

● Twin Bed Room(트윈 베드 룸)

트윈 룸은 객실에 1인용 싱글 침대 2개가 객실에 배치되어 2명이 동시에
사용할 수 있다. 주로 호텔에서는 단체 고객 및 세미나 이용 고객 또는
MICE(인센티브) 고객이 주로 이용한다.

👤 속초 라마다 호텔 트윈 객실

● Triple Room(트리플 룸)

객실에 3명 투숙 가능한 침대가 구비되어 있으며, 트윈 룸 또는 더블 룸에
1인용 침대를 추가하여 3명이 동시에 한 객실을 사용 할 수 있으며, 주로
단체 고객 유치를 위해 준비하고 있다.

👤 여주 썬밸리 호텔 트리플 객실

● Suite Room(스위트 룸)

스위트 객실은 주로 귀빈용이 이용하는 객실로 호텔에서는 호텔 개성 미와 독특한 인테리어와 내부 시설을 갖추고 있으며, 스위트 객실의 종류도 다양하게 준비하고 있다. 코너 스위트, 주니어 스위트, 로열 스위트, 프레지덴셜 스위트 등등 갖추고 있다. 주로 객실 안에 침대 공간과 회의 공간, 응접실이 분리되어 있다. 객실 내에 침대는 더블, 트윈, 트리플, 추가 침대 사용이 가능토록 객실 면적이 최소 13평 이상으로 설계한다.

🛎 라마다호텔 제주연동 스위트 객실

● Ondol Room(온돌 룸)

객실의 크기는 더블 베드룸과 동일 하지만 객실 내부의 인테리어 및 설비가 한국 전통에 맞도록 설계되어 있으며, 온돌 객실의 내부에는 비품, 한국식 탁자, 이불, 문갑, 방석 등의 한국적인 실내장식으로 배치되어 있다.

온양 그랜드 호텔 디럭스 온돌 객실

② 호텔 이용 목적에 의한 분류

● Standard Room(일반 룸)

호텔의 가장 일반적인 객실로서 모든 호텔에서 객실타입이 가장 많이 보유하면서 객실요금이 평균으로 정해진 객실을 일반객실 또는 보통객실이라고 한다.

● Family Twin Bed Room(가족 트윈 베드 룸)

리조트 호텔에서 주로 판매하는 객실형태로서 부부는 넓은 더블 베드를 이용하고, 어린이는 싱글 베드를 이용한다.

제임스 블루 호텔 패밀리 객실

● Studio Room(스튜디오 룸)

업무상 호텔을 투숙할 경우에 사무실 공간이 필요하게 되는 고객의 요구로 이용되는 객실이다. 낮에는 비즈니스 업무와 연계하여 사무실 공간으로 활용하고, 밤에는 침대로 사용할 수 있는 것이 큰 특징이다. 주로 비즈니스와 연계된 도심지에 있는 호텔에서 볼 수 있다.

파타야 호텔 스튜디오 객실

● Executive Room(이그제큐티브 룸)

호텔의 Executive Floor Room은 특실과 일반객실의 중간 등급으로 주로 호텔을 이용하는 고객 중에서 비즈니스 투숙객을 위한 객실

층을 일컫는다. 객실요금은 일반객실보다 높은 요금 정책을 적용한다. 객실에 비치되는 침대 크기는 주로 King Bed(킹 베드)로 200 × 200cm, 객실에서 업무적인 공간을 활용한 컴퓨터, 간단한 문구류가 객실 내에 비치되어 있다. 특히 클럽라운지를 무료로 개방하여 간단한 아침식사 제공, 24시간 음료서비스, 과일, 쿠킹 등을 구비하여 고객에게 제공한다. 고급 호텔에서는 이그제큐티브 클럽 고객을 위한 간단한 비서업무와 통역서비스를 제공하기도 한다.

🛎 콘래드호텔 Executive Room

● Service Apartment(서비스 아파트먼트)

장기 투숙객을 위한 고객을 유치하기 위해 제공하는 객실이다. 특히 외국
인 가족들이 주로 이용하는 경우가 많다. 원룸 형태에서부터대형 아파트
같은 큰 공간을 제공하기도 한다. 객실 내에는 사무실, 응접실, 주방, 세탁
실 등을 갖추고 있다.

🛎 강남 레지던스 아파트먼트 객실

③ 호텔 객실 위치에 의한 분류

● Outside Room(아웃사이드 룸)

호텔에 숙박하는 고객은 누구나 투숙하는 동안 편안하고 안락한 휴식을 원하며, 가능한 호텔 외부 전망이 좋은 객실을 선호한다. 특히 아웃사이드 룸은 호텔 외부 경관을 볼 수 있고, 호텔 입지에 따라 하버 뷰, 오션 뷰, 비치 뷰, 마운틴 뷰, 다운타운 뷰 등이다.

푸켓 웨스틴 오션뷰 객실

● Inside Room(인사이드 룸)

호텔 건축시에 외부 전망을 볼 수 없게 설계되어 있다. 주로 호텔에서는 고객선호가 낮아서 House Use 또는 Tour Guide Use 등으로 사용하는 경우가 많으며, 일반 객실 보다 객실 요금이 저렴하게 판매된다.

● Connecting Room(커넥팅 룸)

주로 가족 여행시에 선호하는 객실로서 객실과 객실 사이에 중간 문을 두어 내부에서 서로 출입이 가능하도록 연결된 객실을 Connecting Room이라고 하며, 객실 내 침대는 Double Bed 와 Twin Bed 배치되어 있는 경우가 많다.

태국 호텔 커넥팅 객실

● Adjoining Room(어드조이닝 룸)

호텔을 주로 이용할 때 투숙하는 일행이 있는 경우에 사용하게 되며, VIP 수행 시나 가족 여행, 단체고객 투숙할 경우에 객실 배정을 하여 고객편의을 위해 어드조이닝 객실을 제공하게 된다.

센케이 호텔 어드조이닝 객실

4. 호텔 객실 요금 산정 방법

호텔에서 객실요금의 산정은 가장 중요한 요소로 객실 요금 산정은 곧 호텔의 매출로 직결되기 때문에 객실 이익을 창출하는 중요한 기능이다. 호텔 초기에 객실 요금에 대한 공표기준이 되면 수요와 공급의 법칙에서 추후 수요가 증가 될 경우 객실 요금을 더 이상 올려 받을 수 없게 된다. 따라서 공표된 객실요금은 수요가 증가 하더라도 추가 수익은 기대하기가 어렵게 된다.

호텔 객실 요금 산정 시 고려사항을 살펴보면 객실요금은 호텔마다 호텔의 등급과 규모나 시설, 서비스 수준, 위치에 따라 다양하게 구분되어 있다. 호텔 등급에 따라서 별 하나(★)에서 별 다섯(★★★★★)개까지로 구분하여 표시하고 있으며, 추가 중요한 요인으로는 투자자본, 인건비, 간접비용, 주변경쟁호텔의 동향을 호텔 객실 요금 산정시에 꼭 반영 되어야 한다.

(1) 하워드, 시장조사, 손익분기점에 의한 산정 방법

① 하워드, 휴버트 방식

Horwath(하워드)방식은 미국의 하워드 호텔회계회사가 최초 개발하여 호텔 초기에 투입된 객실건축비의 1/1,000을 객실당 요금으로 산정하는 것이다. 우리나라에서도 초기 반도호텔(1936년 개관)에 하워드 방식을 채택하여 시행하였다. 객실영업을 위주의 호텔에서는 주로 적합하지만 객실영업 이외의 식음료시설, 부대시설, 임대시설 등의 비영업적인 공간에 있는 호텔인 경우에는 적합하지 않다.

Hubbrt(휴버트)방식은 Roy Hubbrt가 1950년대에 처음 소개하였고, 1960년대 후반 미국 호텔&모텔협회에서 채택한 방법으로 목표이익을 미리 설정하고, 설정된 목표 이익을 달성할 수 있는 개실매출원가, 부문이익, 영업비 및 자본을 추정하여 평균객실 요금을 산출하는 방법이다.

이 Hubbrt(휴버트)방식은 호텔의 사업 예산을 역산하여 평균객실요금을 산출하는 것이다. 객실요금 = 연간 총경비 + 연간 목표이익 / 객실 수 x 목표객실점유율 x 365일(영업일수)

> **Hubbrt(휴버트)방식 예제**
>
> 가상의 호텔은 객실 수가 500실인데 객실요금을 휴버트방식으로 산출하면 연간 예상 총경비는 350억, 연간목표 이익은 50억, 객실점유율은 80%를 목표라고 하면 아래와 같다.
>
> $$객실요금 = 350억+50억 / 500실 \times 0.8 \times 365$$
> $$객실요금 = 273,973원$$

② 시장조사 및 분석에 의한 방식

최근 호텔에서 가장 많이 활용하는 객실요금 산정방식으로 수요예측과 경쟁시장의 특성, 경쟁호텔의 객실영업상화오가 요금 등을 참고하여 결정하게 된다. 시장조사 및 분석에 고려되는 요인으로는 국내 · 외 경제동향, 관광환경, 경쟁 시장의 규모 및 목표시장의 특징, 주변 경쟁 호텔의 매출액, 경쟁 호텔의 객실점유율, 경쟁 호텔의 평균객실요금, 객실타입별 객실 면접과 요금, 미래 호텔 시장 동향 등이다.

③ Break-Even Point(손익분기점)에 의한 방식

Break-Even Point(손익분기점)이란 손익과 비용이 일치하는 상태의 매출액이다. 한마디로 이익도 손실도 발생되지 않는 매출액을 말한다. 일정 기간을 두고 매출액이 분기점을 넘어서면 이익이 발생하고, 분기점 이하로 넘어서지 못하면 손실이 발생하게 된다.

> **1** 손익분기점(채산점)을 산출하는 공식
>
> $$손익분기점\ 매출액 = 고정비 \div \left(1 - \frac{변동비}{매출액} \right)$$
>
> **2** 어떤 일정한 매출을 하였을 때에 발생하는 손익액을 산출하는 공식
>
> $$손익액 = 매출액 \times \left(1 - \frac{변동비}{매출액} \right) - 고정비$$

❸ 특정의 목표이익을 얻기 위하여 필요로 하는 매출액을 산출하는 공식

$$필요매출액 = (고정비 + 목표이익) \div \left(1 - \frac{변동비}{매출액}\right)$$

그러나 비용을 고정비와 변동비(비례비)로 2분하는 것은 편의적 방법이므로 그 논리의 유효범위는 국한적이다. 예를 들면, 조업도가 극단적으로 상위한 경우 등에는 비용곡선 자체가 다른 커브를 나타내게 되므로 부분적인 분석결과를 가지고 나머지를 유추(類推)할 수는 없다. 따라서 손익분기점의 정밀한 분석은 유효범위마다 구분하여 별개로 분석하여야 한다.

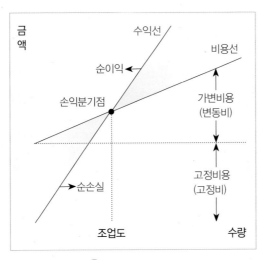

🧑 자료: 두산백과

(2) 객실 요금의 종류

모든 호텔에서는 객실 매출 이익을 최대한 올리기 위해 노력하지만 수요가 제한된 경쟁시장에서는 호텔의 가격전략은 매우 중요한 부분이며, 객실 영업 부서

에서 중요한 활동으로 간주하고 있다. 객실 요금의 종류에는 일반적으로 공표요금, 할인요금, 추가요금 등이 있다.

① Room Tariff(공표요금)

모든 호텔이 오픈 전에 객실요금을 공표하여 관할 주무관청에 신고하여 판매하게 된다. 그리고 공표요금은 객실 영업[현관 및 Front Desk]부서에 부착해서 고객에게 공지해야 하는 필수 사항이다. 공표요금은 주로 국제적인 행사 또는 경쟁시장에서 공급이 일치되지 않은 경우에 주로 적용된다.

② Discounted Rate(할인요금)

호텔에서 할인요금 보다는 공표요금을 모든 고객에게 받기를 원하지만 365일 판매하다 보면 주변 경쟁시장, 시즌 비수기, 주중&주말 비수기에는 주로 적용해서 할인요금을 적용하더라도 호텔매출을 극대화하기 위한 실현 방안으로 판매한다.

또한 할인요금은 단체 투숙객, 장기 투숙객, 하계휴양 또는 호텔에서 각 기업체에 업무제휴를 통해서 객실요금을 할인하여 제공하며, Special Rate(특별요금)이라고 한다. 할인요금에는 먼저 Complimentary Rate(무료요금)이라고 하여 호텔실적 또는 영업에 기여도가 높은 행사기획자, 기업체, 담당자, 여행사 상품기획자, 투어가이드 등에 제공한다. 주로 단체 투숙객에 대한 인솔자 투어 가이드 무료객실 제공은 보통 15실당 무료 객실 1실을 제공 뿐만 아니라 무료 조식 1매도 같이 제공하는 호텔 등도 있다. 특히 연간 계약 실무자 또는 호텔 매출 기여도가 높은 MICE 행사인 경우에는 Full Complimentary Rate(전액무료)를 제공하는 호텔도 최근 증가 하는 추세이다. 또한 Season Off Rate(비수기요금)인 경우에는 주로 도심지에 위치하는 다운타운 호텔인 경우에는 비즈니스 고객의 수요가 적은 주말에 적용하거나 휴양지 리조트 호텔인 경우에는 영업이 저조하는 경우에 주중에 비수기 객실요금을 제공하는 할인요금제도 이다. Corporate Rate(거래처요금)은 장기적인 거래관계를 유지하거나 호텔의 이용실적이 높은 경우 적용하게 되며, 호텔이용실적에 따라 월별, 분기별, 연별 제휴 요금을 제시하여 이용하게 된다. 특히 Package

Promotion Rate^(패키지 프로모션 요금)은 월별 호텔에 방문하는 단골 고객을 유치하기 위해서 객실상품과 식음료 상품 또는 부대시설 이용을 확대하기 위해 주로 할인 혜택을 제공하는 요금 제도이다.

🧑 호텔패스 호텔 프로모션

③ Additional Charge(추가 요금)

호텔에서 정상적으로 예약을 통해서 입실하여 퇴실하는 과정에서 공표요금, 할인요금, 기업체요금을 받는 것이지만 호텔에 투숙하는 기간 동안 일정 변경, 기타 사유 등으로 추가 요금일 발생 될 경우에 적용된다. 추가요금에는 초과요금, 주간 이용요금, 초과인원 요금, 취소요금, 미도착 요금, 홀드 룸 요금, 야간 입실 요금으로 구분하여 징수하게 된다.

Additional Charge (추가 요금)	내　　용
Over Charge (초과 요금)	주로 호텔 퇴실 시간은 오전 11시 또는 오후 1시로 규정하고 있으며, 일정 변경으로 인한 퇴실 시간 변경이 될 경우 오후 6시 이전인 경우에는 투숙 객실요금 50% 초과요금 징수, 오후 6시 이후에는 100% 징수하는 요금제도
Day Use (주간 이용요금)	비즈니스 업무상 회의 또는 미팅 연기시에 낮 시간 동안 객실을 이용할 경우에 적용되면 요금이며, 오후 6시 이전 퇴숙해야 주간 이용요금을 적용받게 되는 요금제도
Addional Person Charge (1인 추가요금)	일반적인 호텔 객실은 2인 1실 기준이 통상적인 호텔 정책이지만 1인 추가 되는 경우에 보조침대를 고객에게 제공하게 되며, 1인 3만원~6만원에 징수하는 요금제도

Additional Charge (추가 요금)	내 용
Cancellation Charge (취소 요금)	호텔 예약을 하고 입실 당일까지 도착할 수 없어 예약을 취소하는 경우 징수하는 요금으로 모든 호텔마다 징수하는 금액은 천차만별이지만 당일 취소요금은 100% 청구
No-Show Charge (미도착 요금)	호텔 예약을 하고 아무런 연락 없이 호텔에 도착하지 않으면 빈 객실을 다른 고객에게 판매하지 못하기 때문에 판매 손실에 대해 100% 청구
Hold Room Charge (홀드 룸 요금)	호텔 이용객이 투숙 중 객실에 짐을 두고 객실을 사용하는(Sleep-out), 호텔을 예약하고 불가피하게 늦게 입실하는 경우에 객실요금을 100% 징수
Midnight Charge (야간 도착 요금)	호텔을 예약하고 투숙객의 일정 변경으로 새벽에 도착하여 입실하는 경우에 1박 객실 요금을 적용하는 제도로 퇴실 시간은 호텔 규정에 적용하여 진행

④ Other Charge(기타 요금)

호텔 마다 기타 추가 되는 요금은 상이한 경우가 많지만 주로 House Use(직원 전용객실), Up-Grade & Down-Grade(업그레이드와 다운 그레이드), Supplementary Collection(추가 수정)으로 구분한다.

Other Charge(기타 요금)	내 용
House Use (직원 전용객실)	체인호텔의 경우 체인 본사로부터 파견되는 마케팅, 조리, 계약 등으로 투숙하는 경우 적용되며, 호텔 관계자들이 사용하는 객실을 House Use(직원 전용객실)이며, 비용은 지불하는 경우와 무료 투숙하는 경우로 진행
Up-Grade & Down-Grade (업그레이드와 다운 그레이드)	Up-Grade(업그레이드)는 호텔에 고객이 투숙하는 경우에 일반 객실 요금에 디럭스 객실을 제공 또는 디럭스 객실 고객에게 호텔 사정상 예약 객실을 제공하지 못하는 경우 발생하게 된다. 특히 Down-Grade(다운 그레이드) 제공시에는 고객에게 충분한 이해와 사전 협조를 구해서 진행
Supplementary Collection (추가 수정)	Night Auditor(호텔 야간 회계감사)은 당일 영업회계를 마감이후 발생된 각 업장의 누락한 요금을 추가로 진행할 경우를 Supplementary Collection(추가 수정)

Chapter
03

호텔 프런트
예약 업무의 이해

Chapter 03

호텔 프런트 예약 업무의 이해

호텔 Front Desk^(프런트 데스크)는 호텔에서 중요한 부분으로 인식되어 '호텔의 꽃'이라고 흔히 일컫는다. 특히 호텔의 이미지와 고객관리, 고객 불만 처리를 하는 중요한 호텔 부서로서 모든 호텔에서는 호텔 내부에서 외국어 능력 및 서비스 마인드가 우수한 직원으로 배치하여 최고의 서비스를 제공한다.

🙎 두바이 버즈 알 아랍 호텔

1. 프런트 업무의 기능 및 조직

호텔 Front Desk^(프런트 데스크)는 호텔에서 중요한 부분으로 인식되어 '호텔의 꽃'이라고 흔히 일컫는다. 특히 호텔의 이미지와 고객관리, 고객 불만 처리를 하는 중요한 호텔 부서로서 모든 호텔에서는 호텔 내부에서 외국어 능력 및 서비스 마인드가 우수한 직원으로 배치하여 최고의 서비스를 제공한다. 프런트 데스크는 객실 상품 판매를 통해 호텔매출을 실현하기 때문에 객실 판매를 촉진 가능한 직원, 고객에게 만족한 서비스를 제고하는 마인드 갖춘 종사원, 외국어가 가능할 수 있는 자질을 갖춘 직원이 배치되어야 한다. 호텔의 이익 면에서 객실 수입의 공헌도가 매우 높기 때문에 객실의 중요성은 크다고 할 수 있다.

'호텔의 꽃'이라고 비유하는 이유는 고객이 처음으로 호텔에 방문하여 최초 서비스를 받게 되는 호텔의 심장 같은 곳이다. 특히 프런트 데스크는 호텔 안내부터 시작하여 입·퇴숙절차, 메시지 확인, 우편처리, 외국환전, 귀중품 보관업무, 고객 불만 처리 등이다. 다시 말하면 프런트 데스크는 고객과 처음 대면하는 첫인상을 느끼는 곳으로 객실 이용 이외 타 식음료시설, 부대시설 이용 시 중요한 부분으로 평가 되며, 호텔 매출에도 영향을 미치는 요인으로 작용한다. 또한 프런트는 호텔 이용객의 서비스 및 고객의 불평불만을 접수되는 곳으로 고객관리 및 매출에 직접 연결을 하는 역할을 수행하기도 한다.

👤 호텔 24

(1) 프런트 데스크의 기능

프런트 데스크는 중추적인 역할 하는 호텔과 호텔을 방문하는 고객과 중간에서 매개역할을 수행하기 때문에 고객이 숙박하는 동안 최고의 서비스와 만족할

수 있는 상품을 제공함으로써 고객만족을 실현케 해주고 다시 호텔을 방문토록 하여 호텔의 객실 상품과 객실 판매를 극대화하여 호텔 매출을 증대시키는 기능을 수행한다.

프런트 데스크의 기능 중에서 가장 중요한 기능은 호텔 객실을 100% 판매하는 것과 객실상품을 통해 가장 높은 매출을 고객에게 판매하는 것이다. 호텔에서 예약부서 및 마케팅 부서에서 객실 상품을 판매하지만 프런트 데스크에서 근무하는 종사원은 객실 상품을 직접 판매하는 곳으로 객실판매를 높이기 위해 심혈을 기울어야 한다. 객실부서의 효율적인 운영에 있어서 프런트 데스크는 예약에 대한 예약 조절, 예약 없이 입실하는 고객, 입·퇴숙 절차, 객실판매시 업셀링을 통한 객실배정에 노력해야 한다.

프런트 데스크는 크게 세 파트로 구분하는데, 객실 판매 관리를 위한 판매 관리와 등록을 담당하는 부분, 퇴숙 업무 처리를 하는 프런트 캐셔, 호텔안내 및 관광정보를 주는 안내부서이다. Registration(체크인), Front Cashier(체크아웃), Hotel Information(호텔 안내)으로 주로 다음과 업무를 수행한다.

- 고객 투숙 등록 및 예약 접수된 객실 배정
- 당일 객실 관리 및 예약 관리
- 고객 정보 입력 및 관리
- 단체고객 및 VIP 서비스 관리
- 호텔안내 제공
- 외국환 환전
- 객실 판매를 위한 업무 지원
- 고객 퇴실업무 및 회계 관리
- 식음료 업장 및 부대시설 판매를 위한 업무 협조
- 관리부서와의 긴밀한 업무 협조
- 호텔 이용 고객에 대한 불편사항 접수 및 해결

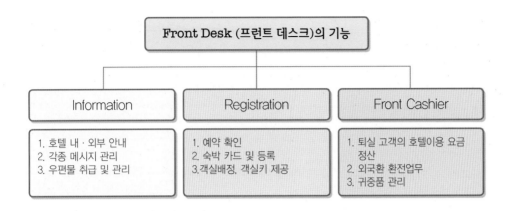

Front Desk (프런트 데스크)의 기능		
Information	Registration	Front Cashier
1. 호텔 내·외부 안내 2. 각종 메시지 관리 3. 우편물 취급 및 관리	1. 예약 확인 2. 숙박 카드 및 등록 3. 객실배정, 객실키 제공	1. 퇴실 고객의 호텔이용 요금 정산 2. 외국환 환전업무 3. 귀중품 관리

(2) 프런트 데스크의 조직

기업의 조직은 특수한 목적을 달성하기 위하여 어떤 사람이 해야 할 일을 다른 사람과 협력하여 팀워크로 업무 처리 할 경우 효율적인 성과와 조직 융합으로 구성하게 된다. 호텔 기업의 조직은 호텔 규모에 따라 상이하지만 일반적으로 '수레바퀴'라는 표현을 사용한다. 그 이유는 호텔 조직은 관리부서, 시설부서, 식음료부서, 객실부서 전 직원이 협력하여 업무 진행이 안 될 경우 호텔 순이익 측면에서 성과를 이루어 내기 어렵다.

호텔 특성상 모든 조직 구성이 분업화 되어 움직이지만 호텔 행사, 연회장 행사, 프로모션 기획, 단체객실 배정에 따라 유기 적인 팀워크가 되지 않는 경우에 좋은 성과을 만들어 내기가 어려운 것이 현실이다. 조직의 업무분장에 따른 분업화는 크게 업무^(작업)기능과 관리 기능으로 구분한다.

업무^(작업)기능은 생산 목적을 실현하기 위한 기능이며, 관리 기능은 기업 목적이 달성되도록 경영 활동을 계획하고 조직화된 조직 구성원이 직무를 수행할 수 있도록 종사원에게 동기 부여를 주고, 호텔 경영 활동에서 조정, 통제하는 기능도 수행하게 된다.

호텔 조직에서 업무^(작업)기능 역할 하는 조직은 직접 수입을 생성하는 부문인 객실 부문과 식음료 판매 부문, 부대 시설 부문이며, 관리 기능의 부문은 호텔 영업이 잘 진행될 수 있도록 지원하는 관리부서 이다. 주로 객실부문 조직은 호텔 프런트 부서와 객실 정비 부서로 나누고, 호텔 프런트 부서는 호텔의 예약, 객실

의 판매 및 배정, 전화 안내, 호텔 프런트 서비스 등으로 업무를 구분하고 있다. 호텔 프런트 캐셔은 일반적으로 경리 또는 회계 부서를 소속된 호텔 조직이 있다.

👤 호텔 프런트 조직도

```
                        ┌──────────────────┐
                        │     객실 부분      │
                        └──────────────────┘
                                 │
              ┌──────────────────┴──────────────┐
      ┌───────────────┐                 ┌───────────────┐
      │  프런트 접객 부서  │                 │   객실정비 부서   │
      └───────────────┘                 └───────────────┘
┌─────────────┐   │
│  경리/회계 부서  │┈┈┤
└─────────────┘   │
        ┌──────┬──────┬──────┬──────┬──────┐
      ┌───┐  ┌───┐  ┌───┐  ┌───┐  ┌───┐
      │ 예 │  │ 프 │  │ 전 │  │ 메 │  │ 프 │
      │ 약 │  │ 런 │  │ 화 │  │ 시 │  │ 런 │
      │ 업 │  │ 트 │  │ 업 │  │ 지 │  │ 트 │
      │ 무 │  │ 접 │  │ 무 │  │ 전 │  │ 수 │
      │    │  │ 객 │  │    │  │ 달 │  │ 납 │
      │    │  │ 업 │  │    │  │    │  │    │
      │    │  │ 무 │  │    │  │    │  │    │
      └───┘  └───┘  └───┘  └───┘  └───┘
```

2. 호텔 프런트 업무

호텔 프런트 업무에서 크게 분류 할 수 있는 부분에서 먼저 영업준비업무, 고객 등록업무, 귀중품 보관업무, 각종 안내 및 메시지 관리, 고객원장 관리, 환전업무, 퇴숙업무로 진행되며, 단계별로 진행하는 프런트 업무는 정확하고, 신속하게 업무 처리를 해야 할 의무가 있다. 특히 재방문하는 호텔 이용객에는 과거 등록된 자료를 활용하여 중복되지 않도록 하는 것이 고객의 편리와 만족을 높일 수 있는 것이다.

(1) 등록 업무

등록 업무란 호텔에 방문하는 고객이 일정한 지불 조건과 수준을 갖추고 투숙을 원하는 고객을 대상으로 등록을 하기 위한 기초 단계이다. 호텔에 투숙하고자 하는 고객에게 신규고객 또는 재방문 고객에 따라 절차가 달라지는 데, 먼저 예약을 하지 않고 방문하여 입실하고자 하는 경우에는 신규고객에게 등록카드 작성은 매우 중요한 부분으로 추후 재방문 시에 신속한 입실이 가능토록 고객자료를 꼼꼼하게 입력하는 것이 필요하고, 추후 재방문 입실시에 고객만족을 더욱 높일 수 있다. 고객등록업무에는 고객등록카드 작성, 객실배정, 업 셀링, 객실열쇠 발급, (Express check-in)신속한 입실절차, 단체입숙 절차 등이다.

🧑 일본 Resol 호텔

REGISTRATION CARD

ARRIVAL DATE (도착일)		Room # : DEPARTURE DATE (출발일)
Rate	Persons	Receptionist

First Name (이름)	Last Name (성)
Address (주소)	Agent
Phone # (전화번호) E-mail :	
Nationality (국가)	Passport # (생년월일)

□ 본인은 귀 호텔에서 제공받은 서비스와 용역에 대하여 반드시 지불할 것을 약속합니다.
The guest will be held liable for all services rendered until full settlement of the bill.
□ 귀중품은 반드시 프론트에 있는 금고에 보관하여 주시고 그 외의 어떠한 도난이나 분실에 대하여 호텔측은 책임지지 않습니다.
Safety deposit boxes are available without charges at the Front Desk, the hotel management will not be responsible for any lost or stolen items/valuables not stored in the safety deposit box.
□ 호텔의 숙박 약관에 동의합니다. Agree to the Terms and Conditions of Accommodation
□ 개인정보수집에 동의합니다. Agree to collect personal information   Signature _____

 호텔 42st

　　호텔 등록카드에는 반드시 성명, 주소, 직업, 직장명, 국적, 여권번호, 전화번호, 출발일, 여행목적, 서명 등을 등록카드에 기입하고, 그룹 입실인 경우에는 가이드 명, 예치금 상태 등을 기록한다. 최근 호텔에는 예약 진행 또는 입실 시 신용카드를 오픈해서 예치를 하게 되며, 신용카드 예치시에는 충분한 카드 사전 승인을 받아두고, 신용카드전표를 작성하여 고객등록카드에 첨부한다. 호텔 등록카드 작성이 완료되면 객실열쇠를 고객에게 신속하게 전달한다. 객실열쇠는 주물열쇠에서 (Vingcard System)빙카드 시스템으로 안전과 신속함이 큰 특징이다. 객실열쇠발급은 후런트 데스크에 비치된 빈 열쇠를 넣고 종료 버튼을 누르면 객실번호랑 빈 카드가 발급된다. 특히 고객에게 객실카드를 전달하는 경우에는 객실카드 사용방법과 주의사항, 객실번호, 일일숙박요금, 입실·퇴실 날짜를 재확인하여 고객의 인원수만큼 고객에게 전달하는 것이 객실에서 도난사고 및 기타 사고를 예방할 수 있다.

객실 예약 확인서

_____님께

고객님의 소중한 일정을 크라운 하버 호텔 무산이 함께 할 수 있도록 선택해주심에 감사 드리며, 객실
예약 사항을 아래와 같이 확인 드립니다.

예약번호			
투숙자 명			
성인			
체크인			
투숙일 수			
객실 타입			
객실 요금			
비고			

상기 객실 요금은 10%의 세금 포함 금액입니다.
상기 객실 요금은 1박, 1실 기준입니다.
체크인: 오후 3시   /   체크아웃: 오후(정오)12시

문의 주신 예약은 당일 오후 6시까지 유효하며 이후 체크인을 희망하시는 경우에는 저희 호텔로 사전
연락 주십시오. 오후 6시 이후 도착을 희망하실 경우에는 반드시 사전에 알려주시길 바랍니다. 사전 통
보 없으신 예약에 대해서는 예약이 취소될 수 있습니다.

예약 변경 또는 취소는 체크인 하루 전 오후 6시 까지 가능합니다. 사전 통지 없이 방문하시지 않을 경
우 사전에 보증하신 결제 수단으로 객실 요금의 100%가 부과되오니 이점 양지하여 주시기 바랍니다.

크라운 하버 호텔 부산에서 만남을 고대하겠습니다.

호텔 관련 각종 문의 사항은 아래 번호로 연락 주시기 바랍니다.

• 전화: +82-51-678-1000
• 팩스: +82-51-678-1001

이메일: rsvn@crownharborhotel.com

객실 예약실
크라운 하버 호텔 부산

tel: +82-51-678-1000   fax: +82-51-678-1001
114, Jungang-daero, Jung-gu, Busan 600-101, Korea

63

① 호텔 예약 확인

호텔에 투숙하고자 하는 고객이 프런트 데스크에 도착하면 먼저 등록 업무를 담당하는 직원은 호텔에 투숙하는 고객이 맞는지, 객실예약이 당일로 사전 예약했는지, 예약번호를 재확인 후에 예약된 객실로 배정하게 된다. 예약시 고객이 요구한 조용한 객실, 금연 객실, 침대 추가, 높은 층 객실을 배정한다.

특히 Repeat Guest^(재방문 고객)은 Guest History을 참조하여 고객이 원하는 객실, 고객이 특별히 요청하는 것들을 인지하여 고객에게 신속하게 적용시킴으로써 고객만족을 꾀할 수 있도록 특별한 배려가 필요하다. 최근 호텔에는 Executive Floor^(비즈니스 객실층) 또는 여성 고객을 겨냥한 Lady Floor^(여성 객실층)을 준비하여 호텔 안내에 대한 부분, 특별한 체크인 시간 및 장소를 배려하여 안내하는 호텔도 증가하고 있다.

🧑 UNITED 자동 체크인 시스템

② VIP 고객 체크인 업무

모든 호텔에서는 Royal Customer^(단골 고객) 확보 및 VIP 고객관리를 위해 많은 노력을 하고 있다. 공항, 터미널, 역, 항구에 도착하는 VIP 영접 시에 영접계획을 세워 콘시어지, 객실, 하우스키핑, 총지배인 등이 VIP고객을 영접할 수 있도록 호텔에서 불편함이 없도록 준비한다. 특히 총지배인은 Welcome Card, VIP 선물 등을 제공하여 VIP고객이 추후 재방문 할 수 있도록 특급 서비스를 제공해야 한다.

③ Group 고객 체크인 업무

Group^(단체) 고객의 체크인 시에는 Group Desk을 활용하여 체크인을 주로 하게 되는데, Group 고객은 고객과 개인 수하물이 동시에 진행되기 때문에 7일 도착 전 예약 재확인이 반드시 필요하며, 체크인 시간에 대한 안내, 인솔자에게 연락하여 호텔 입실 시간을 확인해야 한다. 그리고 Group 고객은 가능한 같은 층으로 배정하는 것이 퇴실 관리 및 투숙객 관리 면에서 편리하다. Group 종류는 Travel Agency^(여행사), MICE^(컨벤션), Air Crew^(승무원), Corporate Incentive Team^(기업 인센티브팀)으로 Group 단체라고 하며, 주로 15객실마다 1객실을 무료로 인솔자에게 제공한다.

당일 그룹 체크인 리스트

LOCAL AGENT	NAME OF GROUP	NO OF PAX	ESTIMATED ARR TIME	GROUP NO	B/F		DURATION	NATIONAL	REMARK
					Y	N			

TODAY'S GOUP ARRIVAL LIST   DATE 20   년   월   일

20   년   월   일 현재(TOTAL GROUP ROOMS)
동남아: 객실   개
일 본: 객실   개   REPORTDE BY _____
중 국: 객실   개
TOTAL: 객실   개

④ DAY-USE(단시간 판매)고객의 업무

도심지 호텔 또는 휴양지 호텔에서 주로 판매되는 경우가 많다. 비즈니스 시간, 휴양 등의 이유로 휴식이 필요시에 고객에게 일정 금액을 받고, 객실 판매 매출 증대하기 위해 호텔에서 패키지 형태, 한정 상품으로 기획되어 판매하고 있다.

보통 호텔에서는 오전 체크인 하여 오후 5시에 체크아웃 객실 판매하여 1회전 객실을 더 판매할 수 있는 장점이 있기 때문에 객실 전체수입을 올릴 수 있는 효과가 있다. 최근 그랜드 하얏트 호텔에서 기획·한정 패키지로 판매하여 고객에게 인기가 좋았으며, 미국이나 유럽 등 해외호텔에서 쉽게 찾을 수 있는 호텔 서비스로 투숙객은 원하는 시간에 저렴하게 호텔을 이용할 수 있고, 호텔은 낮에 빈 객실을 판매하여 수익을 낼 수 있다.

그랜드 하얏트 호텔; Day-Use 패키지

⑤ Black List(불량고객)의 업무

호텔을 이용하는 고객은 불특정 다수가 방문하다 보니 지불할 능력을 있더라도 불량고객은 방문하게 된다. 보통 호텔에서는 불량고객의 방문으로 인해 다른 고객들에게 피해를 주거나 금전전인 손실을 발생하게 된다. 특히 음주로 인한 고성방가 또는 단순한 불평으로 시비 등이다. 불량고객인 경우 Black List(불량고객)리스트를 작성하여 예약 부서 및 업장 부서에 업무 공유하여 사전 차단도록 하는 것이 좋다. 객실 예약을 요청하는 경우에 숙박거절에 대한 매뉴얼을 작성하여 진행하는 것이 효과적이며, 불량고객의 리스트를 작성하여 주위 호텔과 공유하는 것도 좋은 방법이다.

⑥ On-Line & SNS(온라인 고객)의 업무

최근에 호텔들은 객실매출 극대화를 위해 해외 온라인 호텔 및 국내 호텔 전문 판매 사이트나 SNS 할인 예약 사이트 제휴를 통해 매출 발생하는 비율이 점점 증가하는 추세이다. 국내 온라인 또는 SNS 할인 예약 사이트인 경우 호텔 이미지 사진과 실제 방문한 호텔시설, 서비스 제공 등으로 불평을 요구하는 경우가 발생하게 되는데, 판매 초기에 마케팅, 예약부 및 프런트 데스크와 충분한 업무 소통을 통해 판매 사전교육 및 협의가 필요로 한다.

⑦ Room Charge(객실 변경)의 업무

호텔에 입실한 고객은 투숙하는 기간 동안 고객의 다양한 욕구 및 호텔 사정상 문제로 인해 객실 변경을 하게 된다. Room Charge(객실 변경)을 하는 경우에 객실관리부서에서 사전 점검 및 수리를 진행한 이후에 프런트 데스크에게 객실이용에 문제가 통보한 이후에 콘시어지 부서와 긴밀하게 협조하여 객실변경을 진행하면 된다.

객실변경에 고객이 없을 경우에는 고객에게 객실변경 확인서 및 귀중품 분실에 특히 주의·신속하게 수하물을 이동하여 객실 가격 코드, 각종 전표, 메시지, 기타 등을 변경된 폴리오에 분실·변경되지 않도록 유념한다.

⑧ Out of Order Room(수리가 필요한 객실) 처리 요령

- 당일 부서 책임자에게 보고하여 신속한 업무 처리
- 객실 시스템 O.O.O(Out of Order Room)에 등록
- 시설부서와 긴밀한 업무 협조를 통한 신속한 보수

Out of Order Room Report

The First Inn Hotel
객실번호:
날짜:
Out of Order Room의 이유:
시설책임자 의견:
전기책임자 의견:
객실책임자 의견:
경영지원팀 의견:

객실 키 관리

TODAY'S GOUP ARRIVAL LIST

FRONT DESK   DATE: 20   년   월   일

ROOM NO.	NAME OF GUEST	KEY		BAGGAGE		ROOM		REMARK
		YES	NO	YES	NO	USED	NO	

FRONT: _____   BELL DESK: _____   TIME: _____

(2) 안내 업무

　'호텔의 심장'의 프런트 데스크에서는 각종 안내, 체크인, 체크아웃, 기타 등으로 많은 고객들이 방문하게 되며, 외부로부터 전화 안내 문의가 많은 곳이다. 호텔 예약 및 콘시어지, 로비 안내 데스크가 있더라도 프런트 데스크에 문의 하는 경우가 많다. 따라서 안내 업무에 대한 준비 자료가 철저하게 구비되어야 하며, 기본 적인 호텔 안내 업무는 홈페이지 노출하여 자주 고객이 질문하는 내용을 Q&A로 안내하거나 호텔 예약 및 호텔 예약 재 확인 시에 호텔에 오시는 길, 부대 업장 안내, 주변 관광지 안내, 호텔 이용 안내, 세계 시간표, 항공사, 각 국 대사관, 전시회, 주변 맛집 안내를 사전 정보를 주게 되면 고객서비스 향상 및 좋은 이미지를 고객에게 전달할 수 있고, 신속한 호텔 입실이 가능할 수도 있다.

　고객안내는 주로 고객성명, 객실번호 등에 대하여 다른 고객에게 정보를 주게 되는 데, 타 고객에게 정보를 주는 경우에는 객실번호는 알려 주지 않는 것이 개인 사생활 보호 및 각 종 사고를 미연에 방지할 수 있다.

① 메시지 업무

　호텔 투숙객에게 우편, 전화메시지, 팩스, 외부 고객부터의 택배 등이 도착하게 되는데, 투숙객이 입실 전에 도착된 메시지는 당일 입실하는 경우에 전달되어야 하며, 고객이 외출 중에 팩스, 우편물인 경우에는 객실로 바로 전달해야 하며, 무거운 택배인 경우에는 고객이 확인한 이후에 전달되는 것이 좋다. 특히 전화메시지에 대한 고객 전달은 최근 Voice Mail(음성 녹음) 이나 전화 알림 서비스(메시지 램프)를 통해 알려 주는 것이 효과적이며, 신속한 메시지 서비스 방법이다.

(3) 계산 업무

　'Guest Folio'(고객원장)은 객실 예약 또는 입실 등록시점에 주로 발생하게 되며, 호텔에 투숙하는 동안 각 업장에서 발생하는 금액은 Point Of Sale(약어:POS)라는 시스템과 연동되어 프런트 데스크의 고객원장에 자동 기장되게 된다. 각 업장에서 고객이 사용한 금액과 고객의 서명이 확인 후에 영업장에서 발행한 영수증을 객실번호와 다시 대조하여 영수증 보관함에 분류·관리 한다.

🧑 계산 업무에 주로 사용하는 호텔 용어

용 어	내 용
Posting	발생한 금액을 입력하여 기입
Transfer	영수증을 옮김
Colse	고객원장을 매일 정산하는 것을 마감
Debit	차변 매출(객실요금, 식음료 요금, 부대시설 이용요금)의 발생
Credit	대변(차입금 계정)
Balance	잔액
Interface	호텔 내부 컴퓨터에 각 종 영수증 입력 및 호환하는 시스템
Bill Box	영수증 함
Miscellaneous Voucher	잡비전표(고객 추가 요청에 따른 렌터카, 택시비 기타 비용)
Paid-Out Voucher	현금지불전표(고객이 필요한 현금을 차용)

① 환전 업무

호텔에 방문하는 외국인 고객인 경우에 주로 은행을 이용하는 시간이 정해져 있어 환전 업무를 호텔 후런트 데스크 캐시어가 진행하게 되는데, 투숙객의 국적에 따라 환전자금, 환율산출을 준비하게 되며, 일반적으로 외국환전 준비는 미국 달러, 일본 엔, 중국 위안화, 유럽 유로화 등으로 준비한다. 외국환관리규정을 충분히 숙지하고, 환차익, 환차손에 대한 환전계획을 수립하게 되면 호텔의 부대수익을 올릴 수 있다. 환전 업무상 주의할 점은 첫 번째, 외국환을 매입할 때에는 반드시 환전증명서(한국은행이 위임한 외국환은행에서 발행한 외국환매각신청서와 외국환 매입증명서 용지)를 작성해야 하며, 환전하는 고객에게 반드시 본인 서명표기를 해야 한다. 두 번째, 환전증명서의 금액은 수정하는 경우 용지는 폐기해야 하며, 환전증명서는 금액과 관계없이 반드시 교부한다.

세 번째, 환전관리대장을 비치하는 곳은 물론이고 당일 환전에 대한 매입·매각을 통화의 종류별로 정리하여 야간회계마감 업무에 인수인계한다.

외국환 위폐 감별로서 위폐 감별기를 비치하여 사용해야 하며, 호텔 투숙객이 아닌 경우에는 여권, 현재 체류 장소, 연락처를 반드시 기록하게 해서 외국환관리규정에 위반 되지 않고, 호텔에 손실이 없도록 해야 한다. 고시통화 환율조회표는 매일 오전 거래처 은행으로부터 통보받아 처리해서 환차익이 충분히 발생할 수 있도록 환율산출을 고려해야 하며, 외국환율은 환전하는 곳에 환전영업자 등록증 표기, 외국 환율표 표기해서 게시하는 것이 호텔과 고객 신뢰가 되도록 한다.

환율 표지

부산은행 외국환매각신청서

② 퇴실 업무

호텔을 투숙하는 고객은 예약, 도착, 등록카드 작성, 투숙, 출발 등의 과정에 따라 진행된다. 이런 의미에서 Check -Out^(퇴실 업무)는 호텔에서 마지막 서비스를 고객에게 전달할 수 있는 곳으로 호텔 재방문을 할 수 있도록 고객에게 호텔 투숙기간 동안 불편함, 고객편의를 위한 점을 체크하여 퇴실 업무를 하면 된다. 퇴실업무는 주로 새벽에 일찍 퇴실하는 Express Check Out^(신속한 퇴실), 기본 퇴실, 단체 퇴실, Late Check Out^(늦은 퇴실)등으로 구분한다.

● Express Check Out(신속한 퇴실)

도심지에 비즈니스호텔에 투숙하는 고객은 시간절약을 위해 신속한 퇴실에 대한 고객욕구으로 인해 등장하게 되었으며, 이 제도는 고객등록카드 작성 시에 사전 고객에게 신용카드전표를 작성하는 것이 중요하다. 먼저 퇴실예정고객의 명단 리스크를 프린트해서 최종 지불할 고객원장을 퇴실 예정고객에게 전달하고, 고객은 재 확인 후에 이상 유무를 확인해서 프런트 데스크에 통지하게 되면 편리하고, 신속한 퇴실이 가능하다.

고객 요청에 의해서 호텔 투숙하는 동안에 각 종 영수증을 요청하면 우편 등기, 택배를 이용하여 고객에 요청하는 주소로 송부하면 된다.

● Basic Check Out(기본 퇴실)

일반적으로 고객은 퇴실절차에 따라 미니바, 객실손실에 대한 부분을 기입하여 프런트 데스크에 방문하여 퇴실에 대한 정산안내, 비용결재를 하게 되며, 아래와 같은 절차를 밟게 된다.

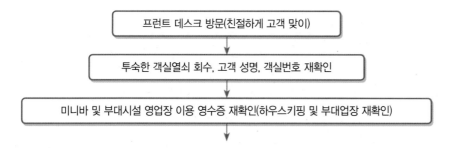

메시지 재확인 전달 및 고객이용 불편사항 체크(고객에게 감사 인사)

Guest Folio 및 각 종 영수증 전달(재방문 유도 및 작별 인사)

고객이력카드 관리 및 재수정(특이사항 및 불편사항 기록하여 재 방문시 적용)

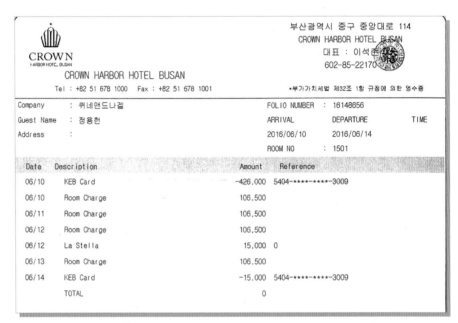

부산광역시 중구 중앙대로 114
CROWN HARBOR HOTEL BUSAN
대표 : 이석춘
602-85-22170

CROWN
HARBOR HOTEL, BUSAN

CROWN HARBOR HOTEL BUSAN

Tel : +82 51 678 1000   Fax : +82 51 678 1001

*부가가치세법 제32조 1항 규정에 의한 영수증

Company	: 퀴네앤드나겔	FOLIO NUMBER	: 16148656		
Guest Name	: 정용헌	ARRIVAL	DEPARTURE	TIME	
Address	:	2016/06/10	2016/06/14		
		ROOM NO	: 1501		

Date	Description	Amount	Reference
06/10	KEB Card	-426,000	5404-****-****-3009
06/10	Room Charge	106,500	
06/11	Room Charge	106,500	
06/12	Room Charge	106,500	
06/12	La Stella	15,000	0
06/13	Room Charge	106,500	
06/14	KEB Card	-15,000	5404-****-****-3009
	TOTAL	0	

부산크라운하버호텔 Guest Folio(고객영수증)

● Group Check-Out(단체 퇴실)

단체 퇴실업무는 기본 퇴숙업무와는 차이가 많다. 예약한 여행사, 인센티브, 기업체 주최 측에서 객실요금과 조식부분은 사전 정산하게 되며, 호텔에서 개인적으로 이용한 각 종 부대시설건은 개인적으로 정산해야 한다. 개인요금은 주로 전화요금 미니바, 부대시설 이용료, 객실손실부분에 대한 것 들이다. 특히 Group Check-Out(단체 퇴실)은 단체 일정에 따라 움직이기 때문에 단체 퇴실에 정산 준비와 적절한 인원배치 계획수립을 진행하는 것이 신속한 단체 퇴실이 가능하다.

● Late Check-Out(늦은 퇴실)

일반적인 호텔 Check-Out(퇴실 업무)는 오전 12시 또는 오후 13시경이 퇴실 시간으로 정해져 있고, 항공일정 또는 투숙객의 일정에 따라 퇴실시간 이 변경하게 되며, Check-Out(퇴실 업무)가 늦는 경우에는 추가요금을 요청 할 수 있지만 퇴실시 간이 2시간 이내인 경우에 초과요금을 징수하지 않 는 것이 고객관리측면에서 호텔에 좋은 이미지를 줄 수 있는 서비스이다. 초과 되는 시간에 주로 추가요금을 받게 되며, 오후 5시까지는 본인이 예 약한 숙박요금에 50%, 6시 이후에는 하우스 키핑의 객실 정비가 불가하기 때문에 100% 숙박요금을 청구하게 된다.

③ 캐시어

호텔 이용객이 정산한 각종 전표, 현금, 신용카드, 후불, 환전 등의 사용 증빙서 류를 첨부하여 야간회계업무에게 전달하여 호텔 일일 마감을 하게 된다.

야간회계 업무 전에 먼저 시재파악(현금 관리)를 우선 진행하는 것이 효율적인 근무와 인수인계가 필요하며, 시재파악은 교대근무 전에 반드시 실시하고, 인 수인계 자료는 현금출납보고서, 환전자금, 개인영업자금으로 기준하여 인수인 계한다.

● 입금

시재파악 이후 현금시재보고서를 참조하여 시재금액과 본인의 개인영업 자금을 제외한 모든 시재금액을 입금하거나 보관하게 되며, 입금 시에 부 대시설 업장 명, 입금자, 입금시간, 근무자 명, 날짜 표기하여 해당부서에 전달하면 된다.

● 전표정리

전표정리는 호텔 이용객 요청이나 호텔 관리부서에 중요한 부분으로 고 객에게 받는 모든 전표가 마감보고서와 일치해야 하며, 모든 전표가 확인 되면 야간회계업무 인수인계 한다.

④ 야간회계업무

Night Auditor^(야간회계업무)는 매일 호텔 영업일보로서 매출보고에 대한 정확한 보고에 의거하여 마감보고서에 철저하게 기록·보관되는 것이 중요하며, 관리부서나 타 업장부서에 정확한 자료를 제공한다. 일반적으로 야간회계업무는 프런트 데스크에 등록업무가 완료하거나 타 업장 영업이 종료되는 시점에 주로 이루어지게 되며, 호텔에 발생한 모든 보고서를 출력하여 확인대조하여 마감하는 업무를 말한다. 마감이후 다음 날 입실하는 모든 고객들의 Arrival Guest^(도착 고객)를 출력하며, 각 종 호텔 시스템 종료, 컴퓨터 작동 할 수 없음을 주지시키고 확인한다. 또한 고객이력관리, 각 업장별 매출, 야간회계업무 보고서 출력, 일, 주, 월별 객실판매예측 보고서를 출력한 이후에 각종 보고서를 다시 출력하여 해당 부서에 전달하면 된다.

(4) 프런트와 호텔 부서 관계 업무

객실 부서에서 프런트는 호텔의 중추적인 역할을 담당하는 곳으로 호텔 이미지가 바로 직결되는 역할을 한다. 호텔 매출 극대화 및 대고객 서비스 향상을 유지하기 위해서는 프런트 부서와 타 업장 부서와의 긴밀한 유지와 협조가 필요하다.

① 마케팅 부서와의 관계

잠재고객 및 단골거래처 확보를 위해서는 프런트 부서와의 고객자료 제공이 중요한 부분으로 마케팅 부서에서는 호텔 시스템에 등록되어 있는 고객 기록 정보를 파악하여 마케팅 활동 및 판매 촉진 계획을 수립하는 매개역할 한다.

② 하우스키핑 부서와의 관계

프런트 부서와 하우스 키핑와는 객실청소 상태, 객실 보안, 객실 내 업무 처리가 밀접하게 연계된다. 퇴실한 고객에 대한 분실물, 조기 입실을 위한 고객에 대한 객실판매 계획 준비, 비품 추가 요청 등에 따라 상호 연락을 한다. 특히 호텔 투숙 시 고객 안전, 고객 서비스 요청, 호텔 편의용품 상태 등을 파악하여 보고한다.

③ 식음료 부서와의 관계

식음료 부서와 가장 긴밀한 업무 관계는 각 종 메시지 전달, 당일판매 업장 전표, 고객 영수증 내역, 행사 안내 등에 관련된 업무가 요구된다. 프런트 근무자는 호텔 내 식음료 부서에 관련된 패키지 상품, 월 프로모션, 식음료 예약 담당자, 각종 업장시간, 식음료 상품에 대한 기본적인 내용을 숙지하여 고객에게 서비스를 전달하는 것이 신속한 서비스를 고객에게 제공할 수 있다.

④ 관리(경리_인사) 부서와의 관계

프런트 부서의 업무 중에서 매출보고서 관련에 대한 경리 업무와 밀접하게 진행되며, 호텔 매출에 전반적인 업무와 감사 기능을 통한 업무를 수행하게 된다. 특히 인사 부서에 지원하는 예비 지원자들에게 첫 인상을 주는 관계 형성이 되기 때문에 긴밀한 유대 관계가 필요 하다.

⑤ 시설 부서와의 관계

객실, 현관, 기타에 관해 보수 및 점검 시에 시설부로 직접 보고 하거나 하우스키핑 부서를 거쳐서 보수 및 점검을 요청하게 된다. 주로 야간 근무 시간에 시설 부서와 긴밀한 유대관계가 절실하게 이루어지는 경우가 많다. 최소의 조직으로 근무하는 중소형 호텔 인 경우 상호 협력이 더욱 필요하며, 호텔 객실에 냉난방 시설, 조명시설, 온 냉수 시설에 대한 문제 자주 발생하게 된다. 신속한 업무 처리를 위해 시설 부서와 협력체제가 요구된다.

⑥ 안전관리 부서와의 관계

고객에 대한 안전사고, 화재예방 및 신속한 화재 진압을 위해의사 소통이 필요한 부서로 고객안전을 위한 상호 교육 및 훈련을 통한 긴밀한 유대관계가 필요하다. 고객안전은 곧 호텔의 안정, 안락함, 매출 신장으로 이어지게 된다.

3. 호텔 프런트 직급 및 근무조별 업무

호텔의 프런트 부서는 현관부서이며, 호텔을 이용하는 모든 고객을 영접하는 곳으로, 호텔의 심장부 또는 호텔 정보의 중심이 되는 장소이다. 고객 서비스 편의와 고객 만족을 위한 창구의 역할로 호텔에 좋은 이미지를 결정하는 중요한 부서이자 호텔의 심장부라고 할 수 있다.

(1) Front/Assistant Manager

① Front Manager(프런트 지배인)

프런트 서비스의 부서장으로 프런트에서 발생하는 모든 업무와 조직관리를 총괄하는 책임자로 고객만족을 위한 대고객 서비스 처리와 타 부서에 대한 협업을 진행하는 업무를 수행한다.

● 프런트 지배인은 오전 출근하여 전날 야간회계업무 보고서를 꼼꼼히 확인하여 객실점유율 당일 판매된 객실, 객실 매출액과 주별 객실판매예측, 월별 객실판매예측 상황을 고려하여 당일 판매할 객실에 대한 객실점유율, 판매금액뿐만 아니라 전일의 No-Show^(예약부도), Cancellation Report^(객실취소보고서) 기타 등을 총지배인에게 보고한다.

● Daily Report(일일 업무보고서)

객실부서장에게 호텔 예약상의 변동 상황과 전날의 변동에 대한 내용, 당일 입실, 퇴숙 예정인 VIP, 불평사항에 대한 내용을 보고한다.

● Room Control Report(객실판매 · 예약보고서)

당일 입실하는 모든 고객들의 성명, 특이사항, 예약된 객실의 수, 당일 재확인이후 객실변경, 단체 객실 입실시간, 무료 객실에 대한 보 고 등이다.

● Front Meeting

총지배인 및 부서장에게 전달 받은 내용 및 투숙중인 고객 및 당일 입실

하는 고객의 중요내용, 당일 호텔 각 종 행사, Log Book^(인수인계 메모장) 전날
의 인수인계에 대한 내용을 공유한다.

- Front Staff Schedule(프런트 직원 근무관리)

프런트 직원 근무관리는 주로 객실점유율, 단체예약, 각 종 호텔 행사를
참고하여 입실, 퇴실에 적정한 인원 계획 수립을 해서 근무 일정과 개개
인의 역량과 특성 그리고 휴무를 진행하게 된다. 근무 형태는 3교대 근무
로 진행하는 것이 일반적이며, 주간, 오후, 야간 근무에 대한 충분한 경험
과 노하우를 충분히 반영하여 진행하는 것이 좋다.

- Weekly&Monthly, Yearly Report(주, 월, 연간 업무보고)

객실 판매은 일일 변경되기 때문에 주별, 월별로 매출 목표를 설정하여
진행하는 것이 바람직하며, 월 객실 판매율에 대한 보고서를 준비하여 연
간 업무보고에 반영하도록 하여 매출 달성을 꾸준하게 높이도록한다. 특
히 객실 판매율도 중요하지만 객실 비용에 대한 최저 예산을 수립하여 호
텔 수익이 증가 하도록 동기부여를 주는 것이 좋다.

② Assistant Manager(부 지배인)

프런트 지배인/부서장의 업무 대행을 관장하게 되며, 프런트 지배인과 프런트
데스크 직원과의 중간 계층에서 업무를 한다. 의사소통 및 업무협조가 원활하고,
신속하게 이루어지도록 업무 전달, 프런트 데스크의 소통창구자로서 역할과 프
런트 구성원의 서비스 교육과 신입 사원에게 전반적인 프런트 업무를 전달한다.

- Room Assignment(객실배정)

당일 투숙객의 VIP리스트, 단체그룹 리스트, 고객요청에 따른 준비사항,
객실판매에 대한 문제점을 충분히 파악한 후에 객실배정을 준비한다. 객
실배정은 주로 개별고객과 단체고객으로 구분하고, VIP 고객에게는 세심
하고, 꼼꼼하게 객실배정을 준비 한다.

- High Balance Report(미수최고 잔액보고서)

투숙하는 고객에게 허용된 판매액에 따른 한도액을 초과한 경우 호텔의

미수금 관리를 위해 진행하게 되며, 고객이 사용하는 금액이 초과하는 경우에는 신용 카드 또는 현금 보증금을 충분히 고객에게 요청한다. 비용 청구 시에는 고객의 감정이 최대한 나쁘지 않도록 세심한 배려가 필요하다.

● **수당 신청서 작성**

매월 말일 휴무 및 근무 일정을 정확하게 체크하여 수당 신청서를 작성하여 부지배인, 부서장, 총지배인 승인 이후 관리부서에서 집행하도록 하며, 수당신청서작성이 누락되지 않도록 주의한다.

● **월별 현황 보고**

호텔에서 장기투숙객이라고 함은 일반적으로 10일 이상 체류하거나 15일 이상 체류하는 고객을 장기투숙객이라고 한다. 장기투숙객인 경우에는 특별한 관리가필요한데, 모든 호텔에서는 장기투숙객을 위한 주말 무료 투어 제공 또는 부대시설 무료이용권을 제공하여 고객관리를 한다.

특히 장기투숙객은 주로 도심지 비즈니스호텔 또는 휴양지 리조트에서 주로 발생하며, 매주 또는 매월 리스트를 준비하여 보고한다. 장기투숙객의 객실요금은 특별할인이 제공되는 경우가 많아 반드시 선 지불 처리하도록 진행한다.

● **고객정보 수집 및 관리**

대부분의 호텔은 장기투숙객과 재방문 고객 유치, 월별 프로모션 가망 고객유치를 위해 호텔에 이용하는 모든 고객에게 고객정보 수집 및 업데이트를 실시하여 비수기 매출 전략으로 적용하기 때문에 중요한 부분으로 마케팅 부서와 고객관리 부서에 정보를 공유하여 상호 협조하여 제공한다. 가능하면 주별, 월별로 고객정보를 공유하여 누락되거나 분실되지 않도록 관리를 철저히 진행한다.

● **프런트 비품 및 재고파악**

프런트 데스크에서 주로 사용되는 객실 키, 등록카드, 객실영수증, 메모지, 볼펜, 대봉투, 소봉투, 환영카드, 카드전표, 팩스용지 기타 등으로 고객에게 반드시 제공되기 때문에 적정 보유량을 매일 확인하여 재고가 부족하지 않도록 준비한다.

● **귀중품 보관 및 Master Key 관리**

호텔에는 프런트 데스크에 귀중품 보관을 하지만 최근 호텔에는 객실 안에 귀중품을 보관하도록 Safety Box(귀중품 함)을 설치하는 곳이 증가하는 추세이다. 귀중품 보관 시에는 객실 번호, 투숙객 확인 유무, 귀중품 보고서를 작성케 하여 확인하고 귀중품 보관키를 전달하고, 귀중품 보관물을 돌려주는 경우에는 본인 확인을 정확하게 확인 후에 전달한다. Master Key 관리는 매 사용할 때 마다 작성하여 보고한다.

👤 Master Key 관리

일 자	시 간	담 당 자	확 인 자	내 용
2016.12.7	09:00	홍 길 동	신 충 식	고객요청 객실 오픈

(2) Front Clerk(근무조별 업무)

프런트 근무는 주로 3교대 근무 형태로 진행하며, Morning Shift(오전 근무), Afternoon Shift(오후 근무), Night Shift(야간 근무)로 근무하는 동안 특이사항을 체크하여 Log Book(인수인계 업무일지 대장)에 기록하여 전달한다.

① Morning Shift(오전 근무)

오전 미팅 참석 및 Log Book(인수인계 업무일지 대장)에 특이사항을 보고하고, 전날의 호텔의 사건, 사고에 대한 내용을 보고한다.

- 프런트 데스크에 호텔 비품 및 사용용품 보유량 확인 및 구매 리스트 작성하여 관리부서에 전달한다.

- 연박 투숙하는 고객의 객실요금 리스트를 정리하여 객실요금 변동사항에 대하여 보고하거나 변경사항을 팀원과 공유·전달한다.

- Departures Report(퇴실 고객 리스트)
  퇴실 예정 고객 리스트를 출력하여 준비하며, 단체 퇴실 출발시간을 먼저 확인하고, VIP 퇴실 예정시간, 일반적인 퇴실 준비를 위해 미니바 체크, 호텔 손실망 체크, 퇴실 하지 않는 고객리스트를 정리하여 오후근무에 인수인계 한다.

- Daily Amenity Report(당일 VIP 서비스용품)
  당일 투숙하는 VIP 및 재방문 고객, 호텔에서 특별한 서비스 고객에게 Daily Amenity를 제공하게 되는데, Amenity는 고객의 중요도에 따라 리스트를 출력하여 보고한다. 특히 호텔 투숙 예정인 결혼, 생일, 기념일 고객에는 식음료 부서와 협조하여 특별한 선물을 준비하고, 총지배인의 환영 카드를 투입하여 대 고객서비스 향상과 호텔 이미지를 높이기 위한 수단으로 활용하기도 한다.

- 퇴실한 고객이 지불한 영수증 내역과 객실영수증상의 금액, 특이사항을

확인하여 문제해결 한다. 일반적으로 퇴실 시간 이후에 전화요금, 기타 부대시설 업장에서 누락된 금액으로 인한 금액이 불일치하는 경우에 주로 발생하게 되는데, 퇴실 시간 12시 또는 오후 13시 이후의 고객에게는 퇴실 여부를 꼭 확인 후에 영수증을 입력하도록 한다.

👤 객실 관리 일지

각종보고 및 접수사항					협조의뢰사항				비고
장소	의뢰부서	내용	담당	시간	접수인	시간	시행여부	시간	
				:		:		:	
				:		:		:	
				:		:		:	
				:		:		:	
				:		:		:	
				:		:		:	
				:		:		:	
				:		:		:	
				:		:		:	
						:		:	
				:		:		:	
				:		:		:	
				:		:		:	

● 퇴실한 고객의 영수증 박스는 당일 투숙 예정인 고객을 위해 신속하게 비워두는 것이 등록카드 작성, 업무 효율적인 부분으로 정리 가능하다.

② Afternoon Shift(오후 근무)

오후 미팅 참석 및 Log Book(인수인계 메모장)에 남겨진 업무에 대한 사항을 파악하고, 타 부서와 업무 협조가 필요한 업무를 처리한다. Afternoon Shift(오후 근무)는 주

로 체크인 고객을 위한 준비와 고객성향파악, 당일 체크인 하는 고객의 특별사항, VIP, 부대시설 및 연회장의 중요 행사 등을 파악한다.

● Arrival Guest List의 중요 고객 파악, 객실 배정, 특별 서비스를 확인하여 준비한다. 고객이 요청한 특별 요구사항을 점검하고, 타 부서와 협력하여 준비한다. Departure Guest List에 재 출력하여 퇴실고객이 있는 경우 연장여부 확인을 하거나 객실을 점검 지시한다.

● House Keeping Report은 주로 객실 청소 및 점검이 끝나는 오후 5~6시경 프런트 데스크로 전달되며, 객실판매에 이상이 있는 경우에는 객실에 대한 내용을 공지하여 프런트 데스크 판매 시에 문제가 없도록 해야 한다.

● 고객 입실 등록 및 점검은 고객의 성명, 투숙기간, 고객 Deposit, 메모 등이 기록된 고객의 Registration Card(등록카드)은 컴퓨터와 일치하는지 확인해야 하며, 고객에 체류하는 동안 고객만족을 위한 기초 단계이므로 체크 및 리 체크가 필요한 부분이다.

● Early Check-In(조기 입실고객)은 모든 호텔에서 빈번하게 일어나기 때문에 Early Check-In Report 확인 후 지정된 객실을 House Keeping에 통보하여 객실 정비에 문제가 없도록 꼼꼼하게 협조하도록 한다.

③ Night Shift(야간 근무)

각 업장별 수납 담당자가 처리한 자료를 점검하고 모든 마감된 계정과목을 확정하여 매출 발생한 Report 확인, 감사하는 업무를 담당한다. 야간 근무자는 당일 각 업장별 매출액, 당일 객실 판매현황, 영업일보, 행사일정, VIP방문, 온더북, 15days 예상 판매율, 등 보고서를 작성하여 보고 한다.

● Afternoon Shift(오후 근무)의 인수인계 사항을 확인하고, 당일 처리하지 못한 업무파악 한다. 야간 근무인 경우에는 소수의 인원 근무로 진행되기 때문에 야간 근무 경계 소홀함이 없도록 진행한다.

● No-Show Report는 최종 객실 마감 전에 반드시 체크해야 하는 중요한 업무로 고객의 요청 없거나 미확인 되는 경우에는 밤 21시 또는 밤 22시 경에 예약리스트에 남겨 둔 고객 연락처로 반드시 통화 후 통화 되지 않는 경우에는 문자로 기록을 남겨 두도록 하며, 최종 객실 마감 시에 No-Show 처리하도록 한다.

● In-House Room Rate^(체크인 된 객실요금)은 당일 체크인 예정 고객 리스트를 출력, 입실된 객실, 성명, 추가 요금, 특이 사항 등을 재확인 후에 Room Rate 마감하도록 한다. 최종 마감된 요금변경은 정정작업이 어려운 경우가 많기 때문에 마감 작업 시에는 체크 또 리 체크 한다.

● 매출 마감은 현금 또는 카드, 후불 계정으로 마감하게 된다. 입금 마감은 현금은 현금 봉투에 넣고, 카드 전표는 카드 사별로 정리하고, 후불계정은 후불 리포트를 작성하도록 한다. 특히 현금 마감 시에 현금봉투 최종 확인자가 서명하여 진행하도록 한다.

● Night Clerk Report^(마감 근무자 보고서)는 당일 판매된 객실요금에 대한 최종 보고서 작업으로 마감 보고서는 최고 경영진에게 보고되는 중요한 문서로 정확하고, 꼼꼼하게 작성 한다.

> ### ⊙⊙⊙ 프런트 부서의 근무수칙
>
> 호텔에 방문하는 모든 고객들에게 좋은 이미지를 줄 수 있는 서비스 마인드 구축과 고객감동을 줄 수 있도록 해야 한다.
>
> ① 유니폼 착용과 명찰 착용은 물론이고, 깔끔한 유니폼 복장을 유지한다.
> ② 검정색 구두와 양말을 착용하며, 구두는 일반적이고, 깔끔한 상태를 유지한다.
> ③ 근무 장소에 반드시 정위치하며, 부재 시에는 타 부서와 협조하여 한다.
> ④ 고객 앞에서 직원들끼리 사담은 금물이며, 고객의 동향을 수시로 파악하여, 고객이 필요한 부분을 안내한다.
> ⑤ 고객 서비스 맞이하는 친절한 인사방법, 인사말로 고객에게 응대하도록 한다.
> ⑥ 고객이 불평을 접수 하면 상급자 선배에게 보고 하거나 야간 당직지배인에게 즉시 보고하여 고객 불평이 최소화 시킬 수 있도록 신속하게 보고한다.
> ⑦ 고객이 없더라도 근무 장소에서 핸드폰 조작, 컴퓨터 사용은 가능한 하지 않는 것이 좋으며, 고객 방문과 요청은 수시로 진행하기 때문에 긴장하여 근무토록 한다.

4. 객실 예약 업무

객실 예약은 호텔과 고객 사이에 이루어지는 중요한 기본 약속(계약)이라고 할 수 있다. 호텔예약은 호텔에 숙박하고자 하는 고객의 요청을 받아들여 숙박 예약을 하는 업무이다. 호텔을 이용하고자 하는 고객은 본인이 필요할 때에 항상 객실이 준비되어 있기를 희망하고, 호텔은 수익 극대화를 위하여 공실 최소화에 대한 객실 판매를 한다. 객실 예약은 주로 전화, 팩스, 우편물, 호텔 판매 대리점, 항공사, 여행사, 인터넷, 고객방문 등을 통해 예약을 접수하게 되며, 객실의 종류, 이용자 성명, 숙박기간, 예약자 성명, 연락처, 요금관련 된 서비스, 지불조건에 대한 정확성이 필요하다. 특히 예약 부문은 고객과 호텔 중간의 Communication(의사소통)의 중심이라고 할 수 있다.

최근에는 효율적인 예약 시스템 준비와 신속 정확한 업무 처리를 위해 숙련된 예약 담당자에게 다양한 능력을 요구하게 되며, 예상 객실 수입률, 객실 판매 점

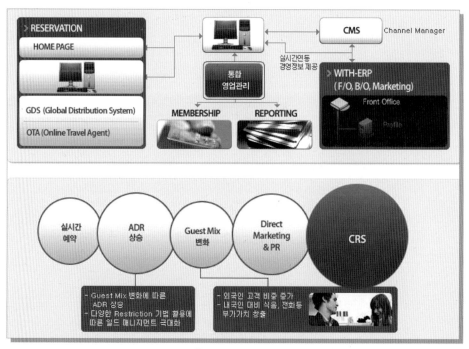

산하정보기술

유율, 주간 수익성 분석, 객실 매출 관리, 객실 판매 관리 등의 업무도 객실 예약 부서에서 처리하게 된다.

(1) 객실 예약 업무의 중요성

객실예약부서는 고객 요청에 따른 객실 예약을 접수하고 처리하는 업무로 고객과 호텔 사이에 최초의 중요한 업무를 수행하게 된다. 호텔 객실 상품은 저장이 불가능하기 때문에 호텔의 전반적인 영업 매출 실적에 크게 좌우하게 된다.

예약부서는 객실 상품, 식음료 상품, 기타 부대시설 상품 판매, 식음료 부문과, 스포츠 부문 각 종 연회장 행사와도 내부적으로 상호 협조가 아주 필요하기 때문에 객실 판매 부문이 전문에 되는 추세이며, 호텔 서비스는 토털 서비스 제공, 고객만족을 위해서 Teamwork(팀웍)이 절실하게 필요하다.

> **📇 객실 예약 부서의 기본 안내 사항**
>
> ● 호텔의 안내사항[주변 관광지, 주변 맛집]
> ● 호텔객실의 종류 및 객실 타입
> ● 객실요금 및 편의시설 숙지
> ● 호텔의 식당 종류 및 부대업장 영업시간
> ● 호텔 패키지 상품 및 종류
> ● 제휴 협약된 거래처 객실판매에 관한 요금사항
> ● 호텔 방문 및 각 종 교통편 안내
> ● VIP 고객 정보 파악

(2) 예약부서의 주요 업무

예약부서 조직은 숙련된 교육에 대한 질적 서비스 향상 곧 호텔 객실 매출, 호텔 상품 PR에 대한 부분으로 직결되기 때문에 부서원의 고객응대 노하우, 고객서비스 태도, 인성, 호텔 경험 등을 감안하여 채용해야 한다.

● **예약업무 처리**

전화, 팩스, 우편물, 호텔 판매 대리점, 항공사, 여행사, 인터넷, 고객방문

등을 통해 요청하는 예약문의에 신속하게 업무 처리한다.

● 예약접수 리스트를 작성하여 도착 일 별순으로 보관하여 재확인 하며, 그 룹예약과 개별예약 고객을 분리한다.

● 예약시스템에 생산된 호텔 예약 확인서를 팩스, 이메일 등으로 발송한다.

● 당일 입실자 변경, 수정사항은 바로 예약 시스템에 변경하고, 프런트 데스 크에 통보한다.

● 그룹 예약상황, 판매 가능 객실 수 변경에 따른 내용 파악하여 보고한다.

● 주간, 월간, 분기별 예상 객실 점유율과 객실 예상 매출액을 작성하여 보 고한다.

● 프론트 데스크와 고객서비스 부분, VIP 예약에 대한 정보를 공유한다.

● 고객 정보 및 거래처 정보를 호텔시스템 적용하여 마케팅 업무보조 한다.

● 프런트 데스크 숙박등록 업무보조 한다.

🧑 객실예약 체크 리스트

객실예약 체크 리스트	확인
● 고객 성함, 국적, 성별	
● 숙박일수	
● 도착 일자와 예정시간	
● 퇴실 일자와 예정시간	
● 객실 타입, 객실 인원 수	
● 객실 요금, 추가 요금	
● 예약자 성명 및 연락처	
● 객실예약 시스템에 등록된 예약 번호 확인	
● 단체 객실 가이드 성명 및 연락처, 도착 일자와 시간	
● 세금부과 여부: 면세나 외교관 인 경우 "N" 처리	

객실예약 체크 리스트	확인
● 지급처리 방법 및 지불자 확인	
● 신용카드 오픈 입력 및 확인	
● 영업 코드 재확인, 세일즈 코드 및 예약자 확인	
● 객실 내 패키지 코드 재확인, 프로모션 코드 정확하게 입력	
● 고객 요청에 따른 각종 어메니티 준비 및 재확인	
● 예약 변경, 취소시 예약 채널 확인	
● 도착, 출발 할 때의 교통편	

5. 객실 예약의 이해

객실 예약의 유형, 경로, 종류, 절차에 따른 다양한 채널로 예약 접수가 이루어지며, PMS(Property Management System: 호텔 컴퓨터 시스템)에 입력한 후 객실 예약 번호를 생성하여 고객에게 제공한다. 주로 객실 예약 조직은 예약 팀장 또는 예약 실장이 팀장으로 기업체 담당, 인 바운드 여행사 담당, OTA(온라인) 담당으로 근무하게 된다.

(1) 객실 예약의 유형

① Guaranteed Reservation(보증 예약)

확정된 객실 예약은 고객이 도착할 때까지, 또는 퇴실하는 시간까지 객실예약을 준비해 놓고 기다린다는 보장의 의미가 있는 예약을 일컫는다.

호텔을 이용하는 모든 고객은 객실 이용 또는 투숙 여부에 상관없이 객실 예약 취소를 하지 않는 한 객실 요금을 반드시 지불해야 한다.

● **Credit Card**(신용 카드)

제휴된 신용카드 회사에서 객실 요금 지불을 보증하는 개념으로 오픈된 카드로 객실을 사용하지 않아도 신용 카드를 통해 호텔은 객실요금을 지불 받게 된다.

● Advanced Deposit(선수금)

호텔을 이용하는 고객이 투숙하기 전에 객실 금액을 사전호텔에 지불하는 방법으로 주로 1일, 객실 예상 요금을 받는다. 일반적으로 호텔 선불에 대한 취소정책은 호텔마다 상이하지만 1일전 50%, 당일은 100% 환불 불가원칙으로 한다.

● Travel Agency

호텔과 제휴 또는 계약된 여행사에서 보증을 하게 되며, 고객이 투숙하지 않아도 여행사에서 객실 요금을 반드시 지불해야 한다. 여행사에서 객실 요금을 지불하기 때문에 타인에게 객실판매를 해서는 절대 안 된다.

● Corporation

전략적 제휴된 회사가 호텔에 객실 요금을 지불한다는 상호 협력 후에 지불함으로써 고객이 No- Show(노쇼)에 대하여 지불을 한다는 의미한다.

● In-House Voucher

호텔과 호텔 사이에서 주로 사용하게 되는데, 비즈니스호텔 또는 리조트호텔에서 상호 사용하며, 객실요금은 무료로 진행한다.

② Non-Guaranteed Reservation(비보장 예약)

호텔에서는 사전 예약된 고객에게 우선 객실을 판매하만 아무런 연락 없이 입실 시간까지 방문하지 않으면 불가피하게 예약 없이 방문하는 고객에게 판매한다. 비보장 예약은 주로 당일에 진행되는 경우가 많으며, 최대한 사전지불 하도록 고객을 유도하는 것이 당일 객실 판매에 효과적이다.

③ Confirmed Reservation(확약 예약)

확약된 예약은 고객이 요청한 객실예약에 대해 정보를 제공하는 것이며, 그룹 예약(시리즈 예약)인 경우에 주로 활용하게 된다.

④ 기타 예약 유형

연회장과 관련된 객실 예약, VIP 예약 등이 있다.

(2) 객실 예약의 신청경로

호텔을 자주 이용하는 고객은 직접 예약하는 경우도 많지만 대부분 호텔을 이용하는 고객은 정보부족으로 다양한 채널을 통해 예약을 하게 되며, 예약을 위해 이용하는 예약의 신청경로를 살펴보면 전화, 호텔 사무소 예약, 팩시밀리, 인터넷, 직접 방문, 여행사 또는 항공예약 시스템, 호텔 간의 예약, 직접 방문 예약 등이 있다.

① 전화 예약

다양한 객실 예약 방법 중 대다수의 객실 예약이 전화 통신망을 통해 진행하게 되며, 전화 예약은 아주 간단하고, 고객에게 신뢰와 신속하게 이루어지는 장점이 있는 반면 의사소통 문제 또는 장거리 국제전화예약인 경우에는 비용이 다소 단점으로 파악된다. 특히 국제 전화 예약 시에 외국어 예약에 대한 언어적인 서비스를 충분히 자질을 갖추도록 한다.

② 호텔 사무소를 통한 예약

호텔 사무소 또는 지사를 통한 예약 방법으로 호텔 마케팅 및 홍보 기관 역할을 하게 되며, 호텔 안내 자료, 관리 및 다양한 마케팅 활동을 제반하여 업무를 수행한다.

③ 팩시밀리 예약

단체 예약 및 연회 행사 진행을 위한 예약 시에 팩스를 통한 예약을 하게 되며, 팩스의 장점으로 자세한 업무 협조와 업무 내용이 자세하게 기술되어 있기 때문에 효과적인 업무 처리와 시간을 최소화 할 수 있다.

④ 직접 방문 예약

VIP 의전 행사 및 세미나 행사(객실+연회장+조식이용)진행시에 사전 답사, 직접 호텔의 예약 부서를 방문하여 예약진행을 하게 되며, 상담후 최종 확약된 그룹 객실 블록 및 세미나 행사에 대한 약식 업무 계약서를 작성하여 행사에 차질이 없도록 한다.

⑤ 여행사 또는 항공예약 시스템

국내 및 해외 여행사로부터 문의·접수되는 예약은 각 여행사와 협약된 객실요금에 따라 예약을 진행하게 된다. 호텔 이용실적에 따라 조식 특전, 객실업그레이드, 가이드 무료객실에 대한 기준을 결정하여 제공한다.

⑥ Walk-In Guest(예약 없이 입실하는 고객)

호텔에 사전예약 없이 방문하는 고객을 Walk-In Guest라고 하며, 휴양지의 리조트 호텔 또는 성수기 기간에 많이 이용한다. 예약 없이 입실하는 고객으로 객실판매가 다소 높은 경우가 많다.

⑦ 인터넷

통신기술 발달로 컴퓨터 활용이 매우 높아져 컴퓨터를 소유한 이용자에게 호텔의 장소와 시간을 관계없이 인터넷을 통한 호텔 정보, 객실 현황, 예약여부를 홈페이지를 통해 실시간 이용 할 수 있다. 현재 인터넷을 통한 예약률은 크게 증가하는 추세이며, 예약 시스템 또는 핸드폰 시스템 연동되어 예약 및 객실요금에 대한 지불, 예약 번호까지 진행하기 때문에 신속하고, 정확하다.

(3) 객실 예약의 종류

① FIT 개별 예약

호텔에서 단체예약을 제외한 모든 예약을 FIT 개별 예약이라고 한다.
일반적으로 호텔에서 FIT 개별 예약 및 단체 예약 비율은 50:50으로 진행하여

Hidden Cliff Hotel & Nature

투숙기간   2016-10-13   2016-10-14   조회

Your Reservation

예약 및 문의
02-2277-9999

평일: 09:00 ~ 18:00
*토요일, 일요일, 공휴일 제외

호텔 요약

Hidden Cliff Hotel & Nature
제주 중문

객실선택

날짜를 선택해주세요.

옵션 및 기타 요청사항 입력   객실수 1   성인 1   어린이 0

| 옵션 | *여기를 눌러 추가 옵션을 선택하세요* | 기타 요청사항 | |

◐ 고객정보

* 성명		Mr
* 이메일		@	직접입력
* 연락처	한국(+82)	
* 도착예정시간		

◐ 결제정보

| * 신용카드 | 아멕스 | | | |
| * 신용카드 유효기간 | 2016 | 01 |

제주 히든 컬리프 호텔

예약인원이 초과하지 않도록 적절한 인원 계획을 수립한다. 최근에는 온라인 호텔 판매 채널이 다양하여 점점 FIT 개별 예약이 증가하고 있다.

② 단체 예약

행사의 성격에 따라 진행하거나 숙박비를 지불하는 객실예약이 5실~10실 이상 경우의 예약을 단체 예약 이라고 한다. 단체 예약은 일반 단체 또는 컨벤션 단체 등으로 구분하게 되며, 일반 단체은 호텔에 방문하는 일정이 동일하게 진행되며, 체크인, 체크아웃 시간도 동시에 진행한다.

컨벤션 단체는 단체 구성원이 체크인, 체크아웃 다른 일정으로 진행되며, 단체 예약을 진행하는 사무국의 행사 일정에 따라 달라지며, 단체 예약을 담당하는 사무국과 호텔의 단체 예약 담당자는 긴밀한 업무연계가 필요하다. 특히 단체 예약은 호텔 성·비수기 및 할인 정책에 따라 다양한 할인요금을 제공하게 된다.

③ 승무원 예약

공항별 항공편수 증가함에 따라 Crew Lay-Over(항공 승무원)단체 유치를 하고자 호텔 마케팅 부서에는 심혈을 기울이고 있다. Crew Lay-Over(항공 승무원)은 매일 객실 및 식당을 이용하고, 장기 계약 형태로 진행하기 때문에 호텔 매출 및 호텔 이미지 상승에 크게 도움을 준다. Crew Lay-Over(항공 승무원)을 유치하기 위해서는 호텔 무료 셔틀버스 제공, 요구에 따라 늦은 시간 석식 제공이 필요하다.

④ VIP 예약

VIP 고객은 정보 공개 노출을 다소 꺼려하기 때문에 VIP 예약은 주로 예약 대리인이 진행하게 되며, VIP 고객에 대한 특별 요청이 많아서 정보를 구체적으로 파악하여 책임자 또는 총지배인에게 보고해야 한다.

👤 VIP 오더 슬립

VIP ORDER SLIP
ROOM NO:
NAME:
POSITION:
ISSUED DATE&TIME:
REMARKS:

(4) 예약접수의 절차

① FIT 개별 예약 절차

예약을 문의하는 경우 예약 담당자는 고객으로부터 필요한 정보를 확인하여 신속한 예약업무를 처리후 예약 용지에 기입한 예약 내용을 PMS(Property Management System: 호텔 컴퓨터 시스템)에 예약하면 된다. 일반적으로 예약 접수 가능기간은 1-3년 이내에 하는 것이 좋으며, 각 호텔마다 규정은 다르게 적용하게 되며, 예약 변경 및 취소 변수가 많아 가능한 예약 접수기간이 길지 않는 것이 호텔 측면에서 바람직하다. 호텔마다 객실요금 변경은 매년마다 변경이 있을 것을 예상하는 것이 필요하다. FIT 예약을 요청 받고 나서는 먼저 도착 예정일, 출발 예정일, 객실 형태와 숙박 인원수 등을 확인하고 예약접수를 진행한다.

F.I.T / GROUP 예약업무 진행과정

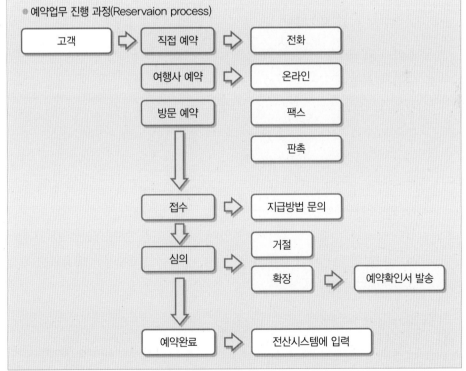

95

● 도착 예정일

도착 예정일은 Year(연도), Month(월), Date(날짜), Day(요일), Time of Arrival(도착시간) 등을 체크하여 메모한다. 특히 조기 입실 고객리스트 보고서를 꼼꼼하게 인수인계하여 기록한다.

● 출발 예정일

출발 예정일은 출발 시간이 매우 중요하다. 퇴실 시간이 이른 새벽인 경우에 더욱 현관 부서의 유기적인 협력관계가 필요하며, 호텔 투숙하는 기간 동안 일별 객실판매요금이 상이하기 때문에 출발일자를 정확하게 확인해야 한다. 호텔은 성수기 기간 동안 종종 객실 만실이 되는 경우에 출발 예정 고객에 대한 리 체크가 필요하다.

● 이용 객실 수

예약부서에서 고객이 원하는 이용 객실 수 확인 및 지불처에 대한 부분이 명확하게 확인해야 한다.

● 숙박 인원 수

객실에 투숙하는 인원수 확인은 가장 기초적인 업무로 호텔 초과 매출을 상승시키는 역할로 진행된다. 특히 한국의 대부분 호텔에서는 2인 1실 기준으로 숙박 약관을 가장 대표적이며, 초과 1인 투숙 인원에 따라서 객실 타입, 침대 추가에 따라서 3~5만원의 비용이 추가되는 일반적이며, 국내 호텔에서는 숙박 인원수에 따라 식음료 업장 및 부대시설업장에 예상 매출, 예상 이용객 수의 통제와 조정으로 근무 인원 수, 예상 식재료 준비를 위한 중요한 수단으로 활용하고 있다. 숙박 인원 수에 대한 내부 호텔에서 통계적인 활용하여 호텔의 월, 분기, 성수기 프로모션에 활용하면 아주 효과적이다.

● 숙박 성명

호텔에서 체크 인 할 경우 고객에게 가장 신뢰하고, Express Check In(신속한 체크인)이 가능한 부분이 숙박자 성명으로 확인하는 것이다. 최근 호텔 온라인 예약 사이트를 통해 예약이 증가 추세로 예약자 성, 이름을 구분하여 오지만 호텔 예약 시스템에서 명확하게 구분하지 못하여 종종 실수하는 경우가 발생한다. 호텔 내부적으로 Last Name(성), First Name(이름)순으로 입력한다. 특히 내국인 경우에는 숙박자 성과 이름이 다르게 입력하게 되면 호텔에 첫인상 서비스에 영향을 많이 미치기 때문에 고객등록카드 출력전에 반드시고객 성함을 확인 후에 고객 등록카드를 받도록 한다.

여권 확인

호텔에 모든 투숙객들에게 여권 복사 필수 원칙, 국제적인 테러 위험, 호텔 내 안전사고에 대한 사전 예방 차원에서 필요하다. 여권 복사후 고객등록카드에 붙임 하여 보관하도록 한다.

객실 요금

한국 내 일반적인 호텔에서는 객실요금은 10% Tax(세금)과 10% Service Charge (봉사료)가 포함된 금액을 공지해야 하며, 최근에는 객실요금에 Tax(세금)가 부과되는 호텔도 증가하는 추세이다. 예약고객에게는 반드시 포함금액을 전화, 팩스, 이메일 기타 등으로 공지함으로써 호텔에 방문하여 입실 할 경우 오해가 없도록 실시해야 한다. 특히 지불하는 객실요금에 대해서 꼭 원화 기준으로 알려 주도록 해야 한다.

지불 방법

호텔에서 지불방법 곧 예약 보증금은 예약 및 예약 재확인 시에 반드시 리 체크해야 하는 부분으로 가능한 객실요금에 대한 부분은 지불 카드 보증을 확인하는 것이 매출 누락, 손실을 줄이는 부분이다. 예약보증은 주로 신용카드, 은행계좌, 제휴 사 보증 담당자 호텔 직접 지불 등으로 처리 가능 하다.

기타 요청

호텔 방문 고객의 욕구는 매우 다양하기 때문에 고객 요청도 특별한 요청에 대한 부분이 많지만 고객 만족을 위한 재방문 유치를 위해 요청사항에

대한 문제를 해결하도록 한다. 호텔에 주로 특별하게 요청하는 내용으로는 먼저 금연실, Front View, 코너 객실, 높은 객실, 낮은 객실, 바다 쪽 개실, 호수 쪽 객실, 엘리베이터 인접 객실, 침대비품, TV비품 등 다양하게 요청할 수도 있다.

② 단체 예약 절차

Group Reservation^(단체 예약)절차는 예약시스템, 단체객실, 지불, 예약 경로, 가이드 무료 객실 배정은 복잡한 절차를 거치게 된다. 회의 진행 사무국, 세미나 주최자, 관광 여행사, MICE 대행사, 기업체 제휴 등 호텔의 단체 담당자은 예약 부서, 식음료 부서, 객실 부서와 긴밀한 유대관계와 협조가 필요하다. 단체 예약은 호텔 매출 상승 및 정기적인 매출 발생되기 때문에 모든 업무에서의 구체적인 현황을 정확하게 파악하고, 자세한 행사 성격, 담당자 확인경로 파악, 인원 수 변경, 행사장 식순 등이 필요하다. 일반적으로 단체 예약에 대한 업무 수행 및 예약처리는 단체 행사 파악, 호텔 그룹 정책, 업무 협조, 객실상황 및 변경 등의 신속한 업무처리가 요구된다.

호주 씨닉월드 그룹 체크인

호텔에서 Group Reservation^(단체 예약)은 객실 매출 관리부서와 최종 책임자에게 보고하여 단체 예약 절차로 진행하는 것이 매출 극대화로 이어진다.

● **단체 행사 성격 파악**

　단체 행사 성격 파악은 대외비 업무 처리하여 진행하되, 신속하고 진행시에 구두 계약 또는 업무 계약서로 진행하는 것이 행사지불처리, 객실블록 관리 등으로 유리하다. 비수기 시즌에는 단체 행사 유치하기 위해 주변 호텔도 비교 견적을 통한 업무처리 로 연계되는 경우가 많으며, 구체적인 정보 파악, 입수, 담당자 성향, 과거에 유치 경험을 확인유무를 확인은 물론이고, 지불문제, 단체 객실 취소율, 변경, 노쇼에 대한 정보를 파악하여 판촉부서와 긴밀한 협조가 필요하다.

● **단체 행사 정책 및 규정 안내**

　단체 예약은 인솔자 또는 가이드, 회의 진행자 등 행사 성격에 따라 다양한 의사결정으로 이어지기 때문에 호텔의 단체 행사 정책 및 규정을 사전에 반드시 통보하여 안내하도록 하며, 무료 객실 수, 무료 조식권 매수, 무료 주차 시간 등에 대해 협의가 필요하다.

● **객실 상황 및 변경**

　단체 행사는 투숙하기전 월별, 분기별로 체크하여 단체 객실 수와 연회장 상황 및 변경에 대한 내용을 상호 안내 및 협조가 필요하다. 진행자는 고객 명단, 여권, 투숙객 명단, 출발 및 호텔 도착 시간 등을 신속하게 예약 확인, 객실 상황을 호텔 내에 변경하여 객실 변동에 대한 판매율 저하가 되지 않도록 한다.

● **단체 객실 요금 상담**

　단체 행사 성격, 성 · 비수기 이용 유무, 단체 객실 예약 수, 연간 호텔 매출 기여도에 따라 객실 요금, 식음료 요금, 부대이용 요금이 크게 달라지며, 단체 객실 요금 상담자는 호텔의 풍부한 경험자의 능력에 따라 호텔 매출에 크게 영향을 미치기 때문에 상담 전 다양한 정보 입수, 파악이 필요하다.

● 단체 예약보장 절차

　단체 예약 진행시에 호텔 상담 후 업무 절차는 우선 상담 완료 후 호텔 담당자는 단체 예약 계약서를 통해 객실 블록 수 및 연회장 이용에 대한 안내와 예약금(Deposit)에 대한 호텔 규정을 명시하여 작성하며, 상호 협조와 신뢰가 가능토록 한다.

　예약금(Deposit)은 기간에 따라 호텔계좌입금을 요청하고, 예약금이 협약된 기간 안에 미 입금 시에 단체 예약이 자동적으로 취소하도록 한다.

　특히 연간 기업체 거래처에 경우에는 예약금(Deposit)없이 진행되는 경우가 종종 발생하기 때문에 단체 예약 담당자는 최소 입실 1주일 전에 재확인하여 처리하여 호텔 내 관련 부서에 변경 및 취소에 대한 내용을 공지한다.

👤 Group Reservation 업무

```
시설 팀 통보
    ↑
행사담당 공유  ←  마케팅 팀 단체행사접수  →  · 예약 담당자
    ↕                    ↓                      · 7일전 확인
협조사항 점검        프런트 행사내역접수        · 당일 도착 일정
                         ↓
                  · 예약사항 점검                        후불내역 정리
                  · 연회장 현황                              ↓
                  · 식음료 현황                             마감
                  · 기타 시설물                              ↓
                  · 행사담당자 요청 재확인                  후불관리
                         ↓
                  단체개실 사전배정
                         ↓
단체행사 담당  ←       정산       →   정산방법
단체결과 작성                          현지직불
                                      외상매출
회계부서
```

단체예약 신청서

결제	담당	팀장	총지배인
	/	/	/

신청일자	2016년 2월 26일 금요일		여행사	일출 제주 판매전문랜드(대구)
여행사명	일출 여행사 제주 판매전문랜드			김경미 소장
숙박일자	2016년 4월 22일 금요일	2박 3일	판촉	강희석 팀장
	2016년 4월 23일 토요일			010-0000-0000

구분	일자	객실타입	객실수		박수	단가	금액	비고

구분	일자	메뉴		인원	단가	금액	비고
식사	4/23	BF	뷔페	14	15,000	210,000	
	4/24	BF	뷔페	14	15,000	210,000	
	소계					420,000	

구분	일자	장소	인원	사용시간	금액	비고
					-	
					-	
	소계				-	

구분	일자	장소	수량	단가	금액	비고
기타					-	
					-	
	소계				-	

총합계		특이사항	1. 상기 금액은 부가세(VAT) 포함.
계약금			2. 일출 대구 경북 제주전문판매랜드 첫거래 특별요금 적용
결제금액			

[자료: 라마다 앙코르 호텔]

👤 Group / FIT 객실 할인 슬립

Group / FIT 객실 할인 슬립
담당자명:
소　속:
객실번호:
투숙일자:
할인율:
• 할인근거: 　1) 직원 할인: 　2) 거래처 제휴 가족 할인: 　3) 여행사 직원 할인: 　4) 장기투숙객 할인: 　5) 고객 컴플레인:
20　　.　　.　　.
부서 책임자　　(인)　/　경영지원 책임자　　(인)
총지배인　　(인)

Chapter
04

호텔 현관 업무

Chapter 04

호텔 현관 업무

Uniformed Service(유니폼 서비스)는 호텔의 '첫 인상, 이미지, 얼굴'으로 호텔에 방문하는 모든 고객들의 편의를 위한 객실 & 식음료 시설, 부대시설 안내를 종합적으로 제공하는 곳이다.

하이원 리조트 강원랜드

1. 호텔 현관서비스의 이해

호텔은 객실, 식음료, 부대시설 이용하는 고객들이 현관을 통해 입출입 하는 공간으로 호텔에 근무하는 직원들의 태도, 실내분위기, 고객서비스, 청결 등이 고객에게 주는 호텔의 첫 이미지에 큰 영향을 미치는 요소이다.

현관서비스를 관리하고 호텔에 방문하는 고객의 요청과 욕구에 대응하는 고품격 서비스를 제공함으로써 Uniformed Service(유니폼 서비스), Front Service(현관 서비스), Guest Service(고객 서비스)이라고 한다. 호텔을 방문하는 모든 고객들은 직·간접적으로 향후 호텔에 잠재고객이 될 수 있으므로, 대 고객 서비스 응대 및 만족 할 수 있도록 해야 한다.

 대전유성호텔 현관 전경

2. 호텔 현관서비스의 조직

호텔 현관서비스의 조직은 호텔의 규모 및 경영의 방식에 따라 달라지며, 일반적인 호텔의 조직 구성원은 Uniformed Service Manager(유니폼 서비스 매니저), Guest Service Manager(고객서비스 매니저), Front Service Manager(현관서비스 매니저)로 총괄하게 되며, 협력부서로는 Bell Captain & Man, Porter, Door Man, Valet Parking Man, Business Center, Airport Service, Duty Manager으로 구성하여 업무를 진행한다.

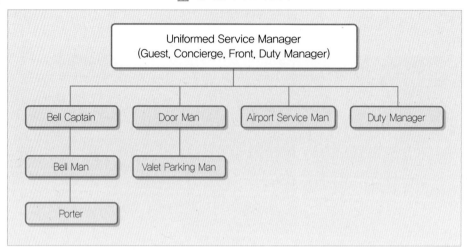

유니폼서비스의 조직

3. 호텔 현관서비스의 직급별 업무

호텔 현관서비스 책임자는 객실에 입실하는 고객, 호텔 연회 및 식음료 업장에 방문하는 고객, 투숙중인 호텔의 고객과의 미팅으로 방문하는 고객 등으로 다양한 경로를 통해 고객과의 접촉이 이루어지는 현관 서비스에 특히 중요한 최고의 대 고객 서비스를 유지하고, 감독하는 업무, 고객에게 다양한 정보를 정확하게 제공하며, 호텔의 각종 연회행사 Function Board(연회 행사 안내문)을 철저하게 점검한다. 특히 고객의 수하물 정리 상태, 배달 물, 현관 근무자 정위치, 청소 상태, VIP 방문일지 등을 체크하여 타 부서와 긴밀한 업무 협조와 지휘하고 감독한다.

① Bell Captain 주요 업무

부서의 부책임자로서 현관 서비스 책임자의 업무지시를 받아 부서원의 근무 스케줄 관리, Bell Man 관리 보고서, 로비 청결 및 청소 상태 점검과 관리감독을 하게 되며, 단체 체크인 고객의 수화물의 관리와 기타 업무상 필요한 문구류 및 품목 청구서를 작성하여 구매 신청, 호텔 방문하는 고객 불평에 대한 보고서 작성하여 상급자에게 보고한다.

② Bell Desk

Bell Desk에서 주 업무는 체크 인, 체크 아웃시 고객의 짐을 운반, 보관하는 업무와 투숙객에게 객실로 안내하고 객실사용에 전반적인 설명과 호텔의 각 종 정보를 전달하는 업무가 가장 중요한 업무이다. 부서원의 Stand By^(대기)장소는 주로 고객이 사용하는 엘리베이터, Front Desk, Bell Desk 등 고객요청이 용이한 장소에서 고객의 요청사항을 즉시 해결하여 만족하도록 하며, 당일 투숙하는 VIP고객 리스트 확인하여 객실에 신문서비스 제공한다.

● Guest Service(고객 서비스) :

Bell Desk 근무는 주로 24시간 3교대 또는 2교대 근무로 고객서비스를 제공하게 되며, 모든 고객의 수화물 업무를 수행한다. 고객 수화물은 체크인 후 신속하게 전달하며, 체크아웃 후 고객 수화물은 로비에 있는 경우에 수화물창고로 바로 보관·관리 한다. 특히 안전에 대한 대피 위치 장소안내는 물론이고, 위급상황에 대한 콜 센터를 알려준다.

🧑 미국 라스베이거스 만달레이 베이 호텔 벨 데스크 전경

● In Room Information (객실 내 안내)

객실 내 안 내시에는 반드시 투숙하는 객실 앞에서 노크나 벨을 올려 재실 여부를 재확인하는 것이 필요하며, 수화물은 객실 내 수화물 보관대에 먼저 올려놓고, 의류물은 옷장안내 옷걸이에 가지런히 걸어 둔 이후에 호텔 객실 내 안내를 여유있게 하도록 한다. 객실 내 안내시에 너무 급하게 안내하면 고객은 이해가 되지 않을 뿐 아니라 불친절 하다는 이미지가 나타보여 질수 있다. 객실 내 안내 시에는 다음과 같이 매뉴얼에 의해 진행하여 고객에게 다소 안정적이고, 자세한 설명을 충분히 인지 시킬 수 있도록 한다.

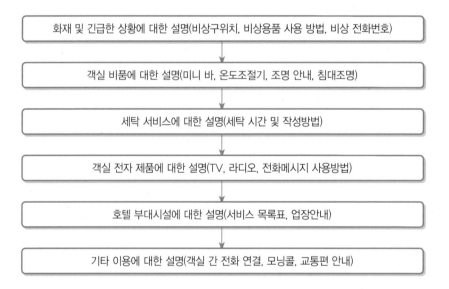

화재 및 긴급한 상황에 대한 설명(비상구위치, 비상용품 사용 방법, 비상 전화번호)

↓

객실 비품에 대한 설명(미니 바, 온도조절기, 조명 안내, 침대조명)

↓

세탁 서비스에 대한 설명(세탁 시간 및 작성방법)

↓

객실 전자 제품에 대한 설명(TV, 라디오, 전화메시지 사용방법)

↓

호텔 부대시설에 대한 설명(서비스 목록표, 업장안내)

↓

기타 이용에 대한 설명(객실 간 전화 연결, 모닝콜, 교통편 안내)

● 고객 출발

호텔의 집중 체크아웃 시간대인 오전 7-10시까지는 수화물 관리에 특히 집중하여 타 고객의 수화물과 혼선이 되지 않도록 수화물 꼬리표를 달아놓도록 한다. 단체 고객의 수화물은 로비별도 공간에 표시하여 특별 관리하도록 하며, 반드시 고객에게 수화물을 되돌려줄 때 수화물 꼬리표를 확인한다.

● 수하물 보관소 관리

고객 수하물은 당일, 단기, 중기, 장기로 표시하여 안전하고 수하물이 손상되지 않도록 해야 하며, 수화물 보관 시에 식품 또는 귀중품 확인 유무를 반드시 확인하고, 고객 수하물의 보관이 중·장기적으로 지속될 때 별도 보고서를 작성하여 관리·폐기 처리하도록 한다.

Baggage Management(수하물 처리 전표)

ARRIVAL CARD

HOTEL NAME:

ROOM NO:

DATE:

GUEST NAME:

GROUP/COMPANY NAME:

BAGGAGE DETAILS

SUITECASE:

TRAVEL BAG:

OTHERS:

● 객실 변경

프런트 클럭의 업무 지시를 받아 Room Change Slip^(객실 변경서)를 가지고, 객실에 방문하여 객실 변경 상황에 대한 자세한 설명과 고객 불편함에 대한 정중한 사과를 하여 고객에게 불만족이 없도록 한다. 객실 변경 시에는 고객의 수하물과 고객에 전달한 메시지가 누락되지 않도록 한다.

고객이 외출 중에 객실 변경이 진행 할 경우 고객의 수하물 내용, 개수를 정확하게 기입하고, 수하물이 파손되지 않도록 한다. 객실 변경이 완료하면 Room Change Slip Card^(객실변경 카드)에 기입하여, 프런트 클럭 담당자에게 최종 확인 이후에 보관한다.

Room Change Slip(객실 변경서)

Room Change Slip(객실 변경서)		
날짜:		
현재 객실 번호	변경 객실 번호	유형
내용물 메모 · 고객 성명: · 객실 변경 사유: · 객실 변경 시작 시간: · 객실 변경 완료 시간: · 객실 변경 오더 프런트 클럭: · 객실 변경 담당자: · 특이사항:		

● 습득물 처리

호텔 내·외부에서 습득물을 발견한 경우 신속하게 기록하고, 분실물 일지, 습득물을 기록하여 안전하게 보관한다. 근무자는 습득물에 대한 내용을 확인 후에 습득물 주인에게 인계하며, 신용카드, 현금, 귀중품인 경우에는 호텔 근처의 경찰관의 입회한 후에 담당 경찰관의 서명을 받도록 한다. 또한 습득물의 주인이 나타나지 않는 경우에는 일정 기간 이후 폐기 처분하도록 한다.

👮 LOST & FOUND 일지

습득 일자	객실 번호	품명	습득자	수령인	반환인	주소	전화번호	성명	기타

● **유실물 관련법**(민법 제 250조, 253조)

민법 제 250조(도품. 유실에 대한 특례)의 경우에 그 동산이 도품이나 유실물인 때에는 피해자 또는 유실자는 도난 또는 유실한 날로부터 2년 내에 그 물건의 반환을 청구할 있다. 민법 제 253조(유실물의 소유권 취득) 유실물은 법률에 정한 바에 의하여 공고한 후 1년 내에 그 소유자가 권리를 주장하지 아니하면 습득자가 그 소유권을 취득한다.

② Concierge Service(컨시어지 서비스)

호텔에 이용하는 고객들에게 내부 시설을 안내하고, 고객이 요청하는 주변 관광 안내, 주변 음식점 안내, 교통, 문화 공연 예약 항공편 안내, 렌터카 예약, 통번역 서비스, 비서업무 대행 서비스 예약 등에 대한 정보를 제공하고, 예약을 대행하는 업무를 수행한다.

자료: www.naver.com

● 고객 요청

고객 요청에 대한 서비스는 항상 고객에게 업무 처리 결과를 반드시 통보하여 호텔 이미지와 신뢰를 주도록 한다. 고객 요청에 대한 모든 업무 접수는 반드시 기록 · 인수인계 · 관리하도록 한다. 특히 택시 예약 및 안내 시에는 호텔과 제휴된 모범택시를 안내하여 고객에게 장거리 요금에 대한 오해와 불편이 없도록 공지한다.

● 렌터카 서비스 예약

고객이 렌터카 차량을 이용할 경우에 제휴된 최소 2개 이상의 회사와 정보를 정확하게 전달하고, 차량의 요금, 이용 시간, 보험 기타 불이익에 대한 부분을 사전에 공지한다.

● Rental Service(렌탈 서비스)

노트북 및 휠체어, 유모차, 우산 서비스, 휴대폰 렌탈 서비스에 대한 고객 요청에 대한 철저한 준비가 요구되며, 렌탈 서비스 요청 시에는 렌탈 사용 요금에 대한 정보를 공지 하고, 시간당, 1일 이용, 초과 비용을 간이 계약서를 작성하여 전달하며, 렌탈 서비스에 대한 이용일자, 객실번호, 성명, 수량, 고객 분실 책임에 대한 비용 등으로 기록한다.

● Postal Service(우편물 서비스)

국내·국제 우편물 처리를 요청하는 고객이 증가하고 있어 우편물 및 소하물의 요금, 발송 방법을 반드시 숙지하도록 한다. 일반적으로 국제 항공편, 선박편은 국가별 중량, 취급품목, 도착시간 등이 상이하게 다르게 때문에 가능한 호텔과 제휴된 대행업체를 통해 안내한다.

DHL(국제항공배달), EMS(국제특급우편)의 대행업체는 2-3개 업체를 선별하여 업무 제휴에 도움 되도록 한다.

👤 POSTAL SERVICE 일지

NO	DATE	NAME	ROOM NO	ADDRESS	SIGNATURE	DELIVERED GUEST	CHARGE

③ Door Desk Service(도어 데스크 서비스)

호텔을 이용하는 고객접점이 처음으로 이루어지는 현관 종사원으로 고객의 영접, 환송, 차량 및 주차 안내, 택시호출, VIP 고객관리, 차량 관리업무, 연회 및 세미나 고객 영접 및 환송 등의 기본 업무를 수행하게 되며, 호텔의 첫 인상, 첫 이미지를 느끼게 하는 중요 부서로서 단정한 복장과 고객 서비스에 만전에 기하도록 한다.

● 고객의 영접 및 환송 업무

단체 고객 방문에 따른 대형버스 유도하여 주차 안내하며, 승용차의 차량인 경우에 안전에 주의하여 차량의 문을 열고, 고객을 안내한다. Bell Desk의 벨맨 부재 시에는 고객을 짐을 운반하거나 현관문까지 안내한다. 환송하는 고객의 짐에 대한 승차 안내와 도움을 주며, 공항 셔틀 시간, 주변 안내 을 한다.

서울 사보이 호텔

● **차량 및 주차 안내**

고객 차량이 호텔 현관 앞으로 들어오면 정차위치를 안내하여 고객 안전을 확인 후에 문을 열어 주고, 고객을 맞이한다. 외국인 또는 여성 고객의 탑승한 차량인 경우에는 호텔의 주차 위치를 자세하게 설명하거나 Valet Parking을 제공한다.

Valet Parking 서비스를 제공할 경우에는 차량의 잠금장치와 요금 안내는 필수적이며, 접촉사고 예방에 유념하고, 본인 차량 유무를 반드시 확인하도록 한다.

● **택시호출**

외국인 고객에게 택시 서비스를 제공할 경우에는 호텔과 제휴된 모범택시를 호출하도록 하며, 승차시간, 차량번호, 운전자 명, 연락처를 반드시 기록하여 고객 안전 서비스 제공과 표준 택시 요금을 안내한다.

● **VIP 고객관리**

호텔에 VIP 고객 방문인 경우 사전에 호텔 도착시간, 인원 등을 체크하여 당직 지배인, Front 지배인, 총지배인에게 신속하게 연락하거나 예정 도착시간에 현관에서 대기하여 영접하도록 한다. VIP 차량 주차는 가능한 VIP 고객이 바로 탑승하기 쉬운 곳에 정차ㆍ주차한다.

● **대형 및 장애인 차량 관리업무**

대형버스 차량은 고객 짐과 탑승인원이 많은 관계로 호텔 현관에 정차하여 짐과 고객이 안전하게 하차한 이후에 대형버스 주차장으로 주차하도록 안내하며, 일반 승용차와 접촉사고가 발생하지 않도록 유도ㆍ안내한다.

최근 장애인 차량 주차는 법적으로 호텔규모에 따라 주차공간을 확보하게 되어 있고 장애인 고객의 출입이 편리한 곳으로 안내하거나 직접 주차 서비스를 한다.

● **연회 및 세미나 고객 영접 및 환송**

차량이동으로 호텔 방문고객은 연회 및 각 종 세미나 참석으로 방문객과

행사 주최자 등의 각 종 안내가 필요하다. 당일 행사에 대한 시간, 장소는 반드시 메모하여 숙지한다. 연회 행사는 대형 버스 주차 유무를 사전 확인하여 주차공간을 확보한다.

현관 서비스 일지

20 . . .

근무자 근무시간	휴무자
총지배인 업무지시 사항	인수인계 사항
VIP 사항	
단체 및 객실 사항	금일의 행사
컴플레인 사항	내일의 행사
건의사항	
기타 사항	

④ Business Center(비즈니스 센터)

호텔 방문객의 목적은 주로 휴양, 비즈니스, 관광, 세미나, 연회 등으로 방문하지만 도심 호텔에서는 업무상 목적으로 방문하는 상용고객을 위한 팩시밀리, 컴퓨터, 복사기, 회의실, 빔 프로젝터의 소규모 회의실을 마련하여 지원하는 곳이 비즈니스 센터이며, 호텔 마다 비즈니스 센터에 이용에 대한 요금은 유료 또는 무료로 이용 가능하다.

● 유료로 발생하는 계산서를 확인하고 프런트 데스크로 전달하고, 사전 예약된 소회의실의 일정에 차질 없도록 준비한다. 특히 비즈니스 센터에 문의하는 팩스 통번역 서비스 대행, 특급 우편물 대행에 대한 계산서는 누락되지 않도록 철저하게 업무 인계 한다.

오사카 세인트 레지스 호텔

⑤ Duty Desk(당직 데스크):

VIP고객의 영접 및 환송 업무, 고객 불평불만 접수 및 해결, 야간 호텔의 안전 및 재산관리를 위한 순찰에 대한 업무 수행하게 되며, 근무 시간에 발생하는 내용을 총지배인에게 보고하며, 당직 데스크에서는 고객 불평불만 접수 후 신속하게 처리해야 하며, 호텔에서 주로 발생하는 고객 불평불만은 아래와 같다.

● **객실부서**

객실 예약 문제, 불친절한 종업원 문제, 객실 내 청소 문제, 객실 도난 사고 문제, 객실 소란 문제 등이다.

● **식음료부**

연회 서비스 문제, 음식의 맛에 대한 문제, 행사 진행에 대한 문제, 행사장의 조명, 온도 문제 등이다.

● **기타부서**

고객 응대에 대한 무응답 문제, 요청한 불평불만 미해결 문제, 부정확한 정보 문제 등이다.

The First Inn Hotel 당직 데스크

⑥ Executive Floor(귀빈층)

텔을 이용하는 고객의 욕구와 서비스 요구는 다양하게 발전하게 됨에 따라 Executive Floor(귀빈층)이 생겨나게 되었으며, 주로 항공사의 비즈니스 클래스 같은 개념이라고 이해하면 될 것 같다.

Executive Floor(귀빈층)은 24시간 이용 가능한 출입하는 카드로 별도 발급받거나, 귀빈 층에 객실 배정 받아서 이용한다. 귀빈층 서비스로는 간단한 조식 제공, 각종 음료서비스, 쿠키, 과일 등을 제공하며, 소회의실 무료 이용, 신속한 체크인-체크아웃 서비스, 항공 예약, 통번역 서비스가 제공된다.

신라호텔 Executive Floor

● 귀빈층의 주요 특전 내용

전용키로만 출입할 수 잇는 편리한 객실층 제공, 정장 무료 다림질 서비스, 무료조식 뷔페 제공, 24시간 컴퓨터 무료 사용, 퇴숙 시간 오후 4시까지 연장, 국내외 신문, 잡지 제공, 소회의실 무료 사용(1~2회) 등 이다.

⑦ Airport Service(공항 서비스)

　호텔 산업의 경쟁으로 인한 VIP고객 유치와 급변하는 고객의 욕구와 서비스 질 향상을 위해 최근에는 특급 호텔 또는 카지노의 VIP 영접 및 환송을 위한 VIP 서비스 차원에서 국제공항에 주로 Airport Service(공항 서비스)를 실시하고 있다.

- 고객 서비스

　고객영접, 공항에서 고객의 수하물관리, 비서 업무 수행, 국내·외 항공 예약, 고급 리무진 차량 예약 등을 처리하며, 투숙하는 동안 최상의 서비스와 다양한 특전을 받게 된다.

- 공항영접 및 공항환승 체크리스트

　VIP 명단 및 Welcome Board 준비, 비행기 Flight No, 도착시간, 탑승유무 확인, VIP 차량 확인, 일정 확인, 수하물확인, 탑승 항공사 확인, 탑승시간 확인 등이다.

인천 국제공항

4. 호텔 객실 안전 보안 업무

호텔을 이용하는 고객은 안락한 서비스 시설과 최상급 고객 서비스를 대한 기대로 호텔 이용을 주로 하게 된다. 고객에게 편리함과 안락함은 제공을 하기 위해서는 우선 호텔 안전과 보안이 매우 중요한 부분이며, 고객이 투숙하는 동안에 호텔 종사원은 보안과 안전에 대해 철저하게 관리하여 특별한 문제가 발생하지 않도록 준비해야 하는 역할과 의무가 있다.

호텔에서는 보안과 안전예방에 필요한 매뉴얼과 정기적인 교육을 통해 예기치 못한 상황을 대비하도록 한다. 최근에는 호텔 자체에서 진행하는 방재 · 안전 부서에서 임무를 담당하지만 외부 보안 업체와 계약을 진행하여 보다 효과적으로 고객의 보안 · 안전한 서비스를 제공한다.

이화여자대학교

(1) Security(보안)

호텔에서 보안구역이 시행되어야 곳은 고객과 직원 동선이 자유롭게 움직이는 주출입구와 호텔 건물과 조리부, 기계설비부, 객실 복도 등으로 고객, 호텔 종사

원, 고객의 소지품 보관, 호텔시설물, 안전한 식자재 보관 장소로 분류할 수 있다.

① 내·외부 보안 중점

- 절도 예방
- 화재 예방
- 제한구역 및 감시카메라가 미설치

② 고객 및 직원

- 고객의 수하물 및 소지품 관리
- 객실 배정시 여성, 노약자는 엘리베이터 근처 유도
- 호텔의 값 비싼 기물 및 시설물 관리
- 보안 교육 및 훈련
- 검증된 직원 채용
- 호텔 종사원의 명찰 반드시 착용

③ 보안 시스템

- CCTV 녹화 상태 및 점검
- 일별, 주별 재고 관리 실시
- 보안 용역 직원 교육 실시

(2) Safety(안전)

호텔에서는 첫 번째는 보안, 두 번째는 안전 사항을 고려한 안전 관리 교육 및 훈련이 잘 이루어져야 하며, 모든 호텔 종사원은 고객의 안전과 업무시에 안전을 우선 고려하도록 한다. 특히 호텔에 방문하는 고객도 본인의 안전을 유념하여, 호텔 시설을 이용하도록 한다.

① 안전 사항

- 고객의 정보, 객실번호, 성명 노출 주의

- 객실 열쇠 발급 시 본인이 아닌 경우에는 발급 진행 불가
- 직원 출입구 동선은 호텔에서 정해진 출입구로 출·퇴근 진행
- 호텔 종사원의 기물 및 시설물, 식재료 절도 예방 교육 실시
- 공공장소 및 호텔 업장에 CCTV 설치
- 화재 예방 매뉴얼의 정기적인 교육 실시
- 화재 장비 및 시설물에 대한 사전 점검
- 범죄·테러 등의 위협 자에 대한 철저한 동태 파악
- 내부 직원의 절도 행위 예방

② 호텔의 기본 안전 관리 예방 교육

- 수영장 및 휘트니스의 익사 사고에 관련 교육
- 화재예방 및 대피·대응 교육
- 정전시 보고 체계 요령 및 훈련
- 엘리베이터 고장에 관련 처리
- 차량사고에 따른 절차 및 교육
- 도난방지·예방 교육
- 고객·호텔 종사원 응급처치 요령
- 산업안전에 따른 예방 교육

③ 안전사고 처리

안전사고는 불시에 발생하는 경우가 많은 만큼, 지속적인 예방 교육 실시하는 것이 매우 중요하며, 안전사고 발생 시에는 매뉴얼에 의한 신속한 대응으로 업무 수행을 하도록 한다.

- 기본적인 응급처지요령 숙지
- 고객의 안심, 안정을 위한 배려
- 상황 일지 정확하게 기록하고, 보고 절차에 따른 업무 진행
- 안전사고 처리 자에 대한 포상 시행 후 우수 사례 교육 진행
- 안전사고 상황일지는 2-3년 보관 관리

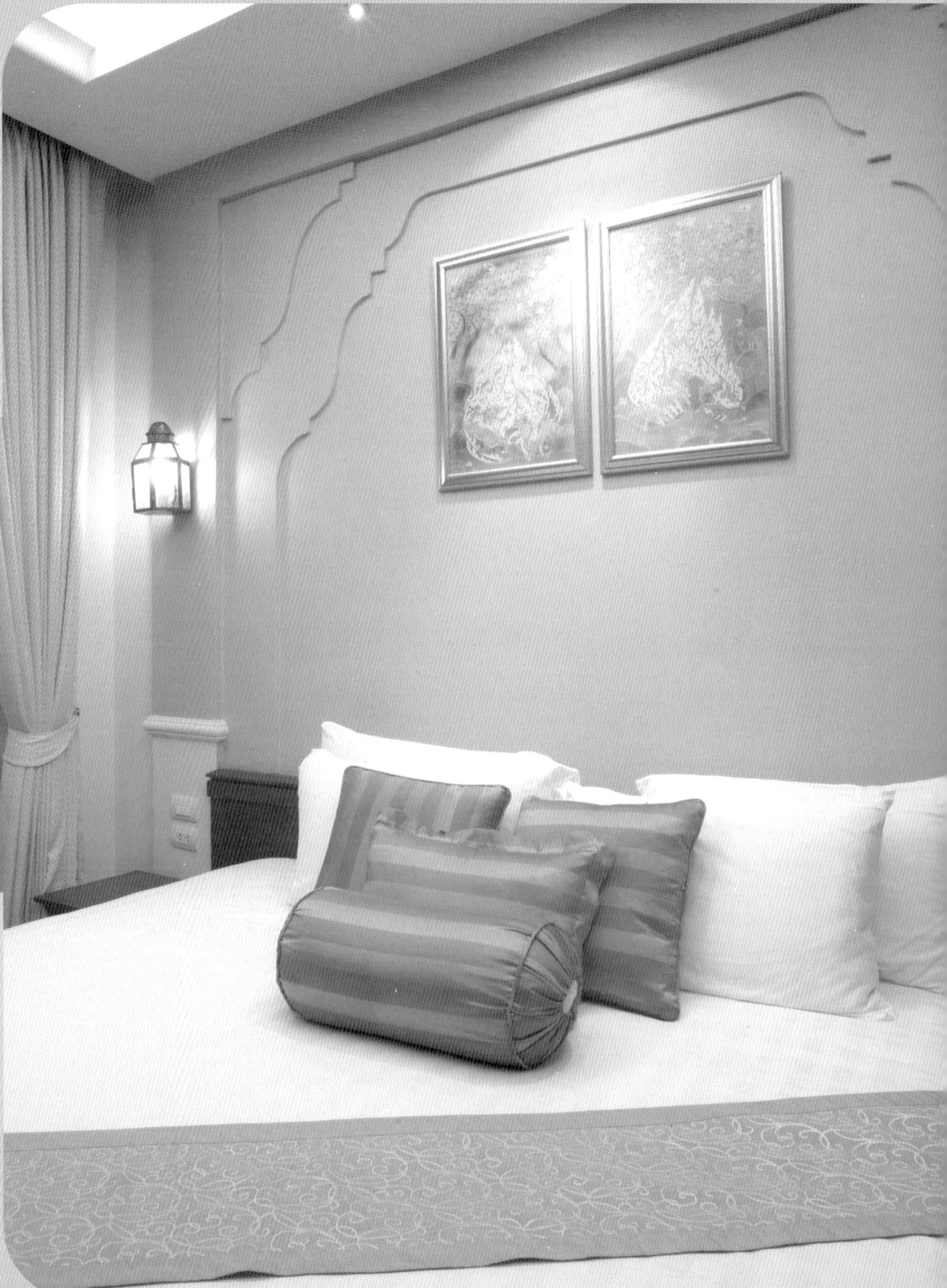

Chapter 05

객실 하우스키핑 업무

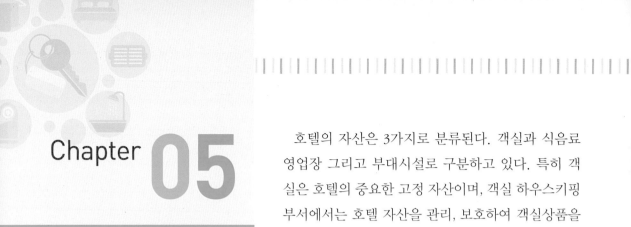

Chapter 05

객실 하우스키핑 업무

호텔의 자산은 3가지로 분류된다. 객실과 식음료 영업장 그리고 부대시설로 구분하고 있다. 특히 객실은 호텔의 중요한 고정 자산이며, 객실 하우스키핑 부서에서는 호텔 자산을 관리, 보호하여 객실상품을 고급화가 되도록 하는 업무 역할을 한다.

1. 객실 하우스키핑의 업무의 개요

호텔 시설은 객실과 식음료 업장, 부대시설로 구분하며, 객실 하우스키핑 부서에서는 호텔 자산의 가치가 가장 높은 객실 정비와 관리, 유지하게 된다. 객실 하우스키핑 부서는 고객에게 안락한 객실을 제공 물론이고, 호텔의 시설물인 객실을 유지 · 보관 관리한다.

(1) 하우스키핑의 중요성

호텔에서 투숙하는 동안 고객이 객실서비스에 대한 기대는 매우 높은 실정으로 객실 내 청결함과 안

🧑 국제호텔직업전문학교

락한 분위기를 요구하고 있다. 객실서비스에 대한 고객 만족을 시키기 위해서는 하우스키핑 부서원의 꼼꼼한 업무 처리를 해야 한다. 즉 호텔내의 시설유지, 객실관리, 수리, 안전 및 청결에 대한 중점을 둔다.

특히 객실 상품은 곧 하우스키핑의 가장 중요한 업무 중의 하나로 객실 청결은 필수 부가적인 서비스를 개발하여 고객에게 전달해야 한다. 다시 말하면, 최고의 객실상품을 생산하고, 투숙하는 모든 고객에게 안락·쾌적한 분위기 연출이 필요한 것이다.

투숙하는 동안 고객의 사용하는 호텔 비품, 욕실내 정리·정돈 기타 등의 만족이 가능할 때 고객은 재방문 그리고 입소문으로 연결되어 지속적인 호텔 매출이 성장할 수 있는 것이며, 기대에 만족하지 못하는 경우에는 재방문 고객 창출은 어렵다.

하우스키핑 부서의 업무는 객실 상품 생산 그리고 재생산, 고객만족 외에도 호텔 방문하는 모든 고객에게 생명과 안전을 지키는 중요한 업무로 투숙하는 기간 동안 고객 물품 분실, 파손 등이 발생하지 않도록 해야 한다.

하우스키핑 부서는 프런트 부서와 시설부서와 가장 밀접하게 관련되어 업무가 이루어 지며, 고객 불편에 대한 요소에 대한 면밀한 업무와 정리·정돈을 하고, 객실 내 수리 및 보수 내용이 접수되면 신속하게 프런트 부서와 시설부서와 업무 공유하여 호텔 매출 극대화 뿐만 아니라 재방문 하는 고객에게 좋은 이미지를 주도록 하고, 하우스키핑의 정비에 필요한 소모품, 비품 관리 등을 효율적인 운영·관리가 되도록 해야 한다.

> **하우스키핑 부서의 주요 업무 공유 관계**
>
> **프런트 부서**
> - 고객에 대한 불편 접수 및 해결
> - 고객 안전 재점검
> - 고객 만족 실현하여 재방문 유도
>
> **하우스키핑 부서**
> - 객실 내 불편 접수 후 프런트, 시설부서 협조
> - 객실 상품 최적화
> - 안전 및 친절 응대
>
> **시설 부서**
> - 접수된 수리 및 교체
> - 고객 불편 사전 제거
> - 신속한 업무 처리

(2) 하우스키핑 부서의 조직

하우스키핑 부서의 조직은 타 업장 부서와 다르게 개별적인 업무 수행이 이루어 지고, 부서원의 개인 능력을 극대화시켜 객실 상품을 최적화·생산 되도록 주기적인 교육이 필요하며, 일일 적절한 업무 배정, 인원, 업무보고에 대한 효율적인 조직 구축이 절실하게 요구된다. 업무 특성상을 고려하여 출근, 업무 중간보고, 퇴근 전에 보고토록 하여 호텔 내 타 부서와 상호 협력이 가능하도록 한다. 호텔의 객실 하우스키핑의 조직은 호텔마다 다르지만 일반적인 호텔에서 적용하는 조직이다.

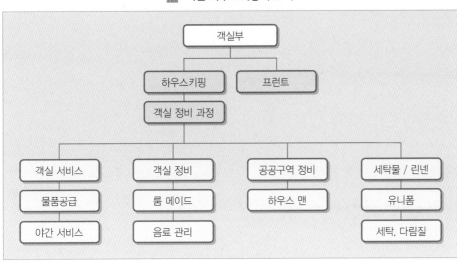

객실 하우스키핑의 조직

(3) 하우스키핑 부서의 직무

하우스키핑부서 팀장은 호텔에 따라 객실팀장, 과장, 지배인 등으로 업무를 관리·감독하는 역할을 한다.

House keeping Manager^(객실정비부서 팀장), Assistant House keeping^(객실정비부서 부팀장)의 우선 업무는 호텔 객실 상품의 생산과 관리, 호텔수익에 대한 유지관리, 호텔의 자산관리기 핵심 중점 업무이다.

하우스키핑 책임자는 호텔 경비 절감이라는 중요한 직책을 수행·관리하는 직책이다.

① 조직 관리

주간 운영 및 야간 운영 관리감독하며, 부서원 교육 계획, 근무 계획표 작성 및 조정을 진행하고, 각 층의 순찰, 직원의 동태파악·면담을 통한 내부 고객 마케팅에 실시한다.

특히 각종 회의 주관에 참석하여 부서원의 업무지시와 일일 주요 업무보고, 타 부서와 업무협조를 수행한다.

② 호텔 시설물 관리

객실 재산 파악 및 유지·기록 등을 확인하고, 객실용 소모품, 비품 비치, 적정량 산정하고, 객실가구, 집기류, 비품 수선 의뢰 일일 확인하여 린넨류 재고 조사 및 관리 감독 한다.

③ 투숙객 고객 관리

VIP 고객, Long Team Guest^(장기 투숙객) 서비스 제공, 고객 리스트 파악·보고 고객 불평불만 접수 및 해결, 체크아웃 후 분실물 보관·배송 등을 수행한다.

④ 객실 음료 관리

객실 내 미니 바 상품 및 재고 관리, 일일 실적 보고와 매출 계획 보고 하며, 특히 Skipper^(비용 지불하지 않는 고객)에 대한 보고 및 업무처리를 한다.

⑤ 위생 관리

Public Area^(공공장소)의 청결 유지 감독 및 지시와 Floor Room Service^(복도 룸서비스), 객실 내 각 종 컵, 개인 위생 교육, 청결유지·관리 등을 감독한다.

⑥ 안전 관리

방화 안전 교육 훈련 주기적으로 진행하며, 고객 안전 정보 전달, 성희롱 예방 교육, 산업재해 예방 교육 등을 실시한다.

⑦ 사무 관리

호텔 내 문서 보관, 유지 등에 효율적인 방침을 세워 진행하며, 부서원의 출퇴근 근태 관리, 각 종 경비 계획 등을 수립하여 호텔 비용 절감 할 수 있도록 한다.

특히 그랜드 마스터 관리와 플로어 마스터 관리의 중요성을 명심하여 고객의 안전과 신변위협, 재산의 손실을 방지하는 관리가 필요하다.

👤 하우스키핑 부서의 영문 약어

C/O: CHECK OUT	고객이 퇴실하는 상황
O: Occupied	투숙중 또는 재실이라는 의미
V: Vacant	객실이 비어 있는 상황
D.N.D: Do Not Disturb	모든 서비스 거절하는 "방해 금지"의미
E/B: Extra Bed	보조침대
D/L: Double Lock	더블 잠금 시에 재실 의미
S/O: Sleep Out	연박 투숙 시에 투숙하지 않음의 의미
N/B: No Baggage	투숙객은 있으나, 객실에 수하물 없는 객실
L/B: Light Baggage	투숙객은 있으나, 가벼운 수하물 있는 객실
H/U: House Use	호텔 자회사에서 업무 중으로 사용하는 객실
EA: Early Arrival	예정보다 일찍 호텔에 도착하는 상태
M/C: Master Card	호텔 객실 전체를 오픈 가능한 객실 열쇠

[자료: 논자 재정리]

👤 켄싱턴 제주 호텔

(4) 객실의 소요 물품

하우스키핑 부서 관리 품목 중에 호텔객실에 사용되는 비품과 소모품은 다양하게 갖추고 있다. 호텔 객실에 서비스 향상을 위한 객실 내 비품·소모품의 디자인 콘셉트 및 질을 높이기 위해 노력하고 있다.

특히 Lady Guest(여성 고객)과 Executive Floor(귀빈 층)에 대한 고급 지향적인 비품·소모품을 향상시켜 나가고 있다.

① 호텔 객실 출입문관련 비품·소모품

- D.N.D(Do Not Disturb) 표시 카드
- Clean Card(청소 표시 카드)
- Safety Latch Instruction(객실문 잠금장치)
- Safety Chain(객실문 안전 체인)
- Hotel Security(객실 위치)
- Emergency Door Board(비상구 표시판)

② 화장대·사무 테이블관련 비품·소모품

- 전화 안내 카드
- 호텔의 고객서비스 안내 설명 책자
- 노트 패드 및 필기류
- 룸서비스 메뉴
- 크리넥스 휴지통
- 화장대 및 사무 테이블 휴지통
- 각종 문서(편지지, 팩스용지, 편지봉투, 메모지)

③ Night Table 관련 비품·소모품

- 알람시계
- 라디오 및 TV 조절 리모트 컨트롤
- 전화기

크라운하버호텔

- 보이스 메일 점검용 기기
- 메모 패드 및 필기류

④ 침대 관련 비품 · 소모품

- Green Card(그린카드)
- Welcome Card(환영카드)
- 각종 어메니티

⑤ 옷장 관련 비품 · 소모품

- 옷걸이 최소 6개 이상, 바지 및 치마 걸이
- 세탁물 봉지, 세탁물 가격
- 담요 및 베게
- 신발닦이 헝겊, 구두주걱, 옷솔
- 안전 금고, 슬리퍼

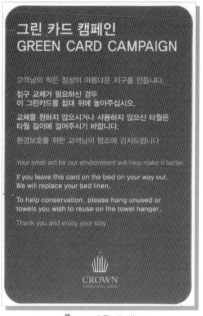

그린 카드 캠페인
GREEN CARD CAMPAIGN

고객님의 작은 정성이 아름다운 지구를 만듭니다.

침구 교체가 필요하신 경우
이 그린카드를 침대 위에 놓아주십시오.

교체를 원하지 않으시거나 사용하지 않으신 타월은
타월 걸이에 걸어주시기 바랍니다.

환경보호를 위한 고객님의 협조에 감사드립니다

Your small act for our environment will help make it better.

If you leave this card on the bed on your way out.
We will replace your bed linen.

To help conservation, please hang unused or
towels you wish to reuse on the towel hanger.

Thank you and enjoy your stay.

CROWN

크라운 호텔

세탁 서비스를 이용하실 경우 '0번'으로 연락 주시기 바랍니다.　Please dial '0' for laundry service　洗濯サービスを利用する場合 '0度' で連絡してください。

DATE		ROOM NO.		월~토 MON TO SUN	수 거 RECEIVED	전 달 DELIVERY
				세탁 서비스 REGULAR SERVICE	6:00 ~ 9:30 9:30 ~	20:00 SAME DAY 20:00 NEXT DAY
NAME		GUEST SIGNATURE		긴급 세탁 서비스 EXPRESS SERVICE (100% Extra Charge)	9:30 ~ 16:00	20:00 SAME DAY

물세탁 및 드라이클리닝 LAUNDRY& DRY CLEANING											
ITEM			PRICE (KRW)	COUNT		ITEM			PRICE (KRW)	COUNT	
				GUEST	HOTEL					GUEST	HOTEL
상의	Jacket	上衣	8,000			원피스	One-piece	ワンピース	18,000		
벨벳 자켓	Velvet Jacket	ベルベットジャケット	14,000			작업복	Overalls	オーバーオール	16,000		
와이셔츠	White Shirt	シャツ	6,000			기능작업복(상,하)	Work Clothes (2-piece)	ワーキングウェア	16,000		
티셔츠	T-Shirt	T-シャツ	6,000			러닝셔츠	Undershirt	アンダーシャツ	3,000		
스포츠셔츠	Sports Shirt	スポーツシャツ	8,000			파자마	Pajamas	パジャマ	6,000		
마셔츠	Hemp Shirt	麻のシャツ	8,000			팬티	Underpants, Panties	パンティー	2,000		
실크셔츠	Silk Shirt	ルクシャツ	8,000			브래지어	Brassiere	ブラジャー	4,000		
블라우스	Blouse	ブラウス	8,000			양말	Socks	靴下	2,000		
조끼	Vest	チョッキ	6,000			손수건	Handkerchief	ハンカチーフ	2,000		
바지	Pants	トラウザーズ	6,000			넥타이	Necktie	ネクタイ	2,000		
마바지	Hemp Pants	麻のズボン	8,000			스웨터	Sweater	セーター	8,000		
반바지	Shorts	ショーツ	6,000			점퍼	Jumper	ジャンパー	12,000		
치마	Skirt	スカート	6,000			오리털 파카	Duckdown Parka	羽毛パーカ	36,000		
주름치마	Pleated Skirt	プリーツスカート	10,000			코트	Overcoat	オーバーコート	24,000		
양복 (상, 하)	Suit (2-piece)	洋服	14,000			반코트	Half Coat	半コート	16,000		

비 고 Remarks 備考

합 계 SUB TOTAL		10% 세금 10% V.A.T		총 계 GRAND TOTAL	

상기 요금은 당일 세탁 서비스 기준입니다.
Same day laundry service will be charged at the above rate.
上記の価格は当日ランドリーサービスの価格です。

상기 요금에는 10% 세금이 부과됩니다.
The above rates are subject to 10% V.A.T.
上記料金には10%の税金が加算されます。

세탁서비스는 월요일부터 토요일까지 가능합니다. (일요일 휴무)
Laundry Service is available from Monday to Saturday. (Closed on Sunday)
ランドリーサービスは月曜日から土曜日まで可能です。（日曜日休業)

당일 세탁 서비스를 원하시는 경우 오전 9시 30분까지 세탁물을 맡겨주시기 바랍니다.
맡기신 세탁물은 같은 날 오후 8시에 찾으실 수 있습니다.
Laundry requested before 9:30AM will be collected on the same day by 8PM.
当日、洗濯サービスをご希望の場合は、午前9時30分まで洗濯物を預けてください。
預けた洗濯物は同日午後8時に見つけることができます。

오전 9시 30분에 맡겨진 세탁물은 다음 날 오후 8시에 찾으실 수 있습니다.
Laundry requested after 9:30AM will be collected the next day by 8PM
午前9時30分以降に任せられた洗濯物は翌日午後8時に見つけることができます。

오전 9시 30분 이후에 맡겨진 세탁물을 같은 날 찾으실 경우, 100%의 추가 요금이 적용됩니다.
Laundry requested after 9:30AM will be collected on the same day with 100% extra charge.
午前9時30分以降に任せられた洗濯物に同じ日に見つかる場合100%の追加料金が適用
されます。

토요일 오전 9시 30분 이후에 맡겨진 세탁물은 월요일 오후 8시에 찾으실 수 있습니다.
Laundry requested after 9:30AM on Saturday will be collected the Monday by 8PM.
土曜日午前9時30分以降に任せられた洗濯物は月曜日午後8時に見つけることができます。

특수 세탁물의 가격은 추후에 결정됩니다.
Laundry requested special attention e.g. silks etcwill be priced accordingly.
特殊な洗濯物の価格は追って決定されます。

세탁 의뢰서를 작성하지 않거나,작성하신 수량과 차이가 있을 경우 세탁이 지연됩니다.
Laundry cannot be processed without filling in the laundry form.
If articles collected do not match the form contents laundry service cannot be processed.
洗濯依頼書を作成しなかったり、作成した数量と実数が差がある場合、洗濯が遅延されます。

세탁 시 특별한 주의를 요하는 사항은 기재 해주시기 바랍니다. (수축, 탈색, 부착물 파손 등)
Hotel cannot be responsible for shrinkage or decoloration.
洗濯の際、特別な注意を要する事項は記載してください。（収縮、脱色、付着物破損など)

주머니 속의 물건이 분실 또는 파손되지 않도록 반드시 확인하여 주시기 바랍니다.
이로 인한 문제 발생 시 호텔에서는 책임지지 않습니다.
We're not responsible for anything of value left in pockets or fastened to garments.
ポケットの中の品物が紛失または破損しないように必ず確認してください。
これによる問題発生の際ホテルでは責任を負いません。

⑥ 미니바 관련 비품 · 소모품

- 얼음 통
- 커피포트
- 커피 잔 2개, 물잔 2개, 물잔 덮개, 스푼 2개
- 1회용 커피 및 차

제주 JK 라마다앙코르 호텔

⑦ 욕실 내 관련 비품 · 소모품

- 린넨류: 전신 타월 2개, 얼굴 타월 2개, 손 타월 2개, 발 타월 1개
- 고무 미끄럼방지, 샴푸, 린스, 샤워, 비누
- 비누, 스킨로션, 면솜 방망이, 여성용 화장면 솜
- 샤워 캡, 양치질용 컵
- 헤어 드라이기, 헤어 빗
- 화장지 2개, 위생봉투, 쓰레기통

2. 룸 메이드의 업무의 개요

chamber maid(체임버 메이드)라고 하며, 호텔이나 숙박업에서 고객들이 사용하는 객실을 정리 · 정돈 · 청소하는 업무를 수행하는 종사원을 말하며, 일반적으로는 호텔에서 근무하는 사람으로 고객들이 사용하는 시트 · 타월 · 냅킨과 각종 객실 용품, 청소용구를 실은 운반 기구를 사용하고, 객실 청소, 시트의 교체, 욕실에서 사용하는 수건의 교체, 옷장 정리한다.

국제호텔직업전문학교

특히 소모품을 점검해 현황을 파악·보고해야 하는 등 객실 정리와 관련된 전반적인 업무를 수행하고, 신속·정확·진실해야 하고, 고객이 사용 중인 수하물을 만져서도 안 된다. 주로 30~50세 여성 종사원의 근무가 많다.

(1) 룸 메이드의 업무

객실 내부의 비품과 소모품, 린넨류 관리, 유지하고, 객실 정비하여 호텔의 객실상품 등을 재생산하는 중요한 업무를 수행하며, 담당 구역 내 배정 받은 객실을 청소하는 책임이 있다.

① 객실 및 욕실 청소
객실 점검 및 욕실을 정리·정돈·청소한다.

- 객실 청소 시에 창문, 객실 문을 열고, 객실 내 린넨류를 정리하며, 욕실내 재 사용가능한 소모품을 확인한다. 청소 시에는 소음에 주의하여 투숙객의 소음으로 인한 고객 불평이 접수되지 않도록 한다.

- 침대 정비 시에 체크사항으로 크게 침대 와 헤드보드로 구분하는데, 침대는 BGM 박스 간격이 일정해야 하며, 베개는 단정하게 정리하고, 이불은 머리카락 및 이물질이 없도록 확인한다. 헤드보드는 중앙에 밀착되어 있는지 여부와 침대 시트가 외부로 노출되지 않도록 덮여 있는지 확인한다.

- 욕실·욕조 정비 시에 체크사항으로 욕실 문, 표면, 잠금 상태 등 우선 확인하고, 욕실 내 냄새가 없도록 철저히 관리하며, 세면대 벽, 거울이 깨끗하도록 최종 점검한다. 특히 욕조 정비 시에는 물자국과 얼룩 제거가 중요한 부분이며, 욕조 곰팡이에 대한 확인을 정밀하게 확인해야 하며, 수도전에 온도 조절기와 욕조마개 작동여부도 꼼꼼하게 확인하도록 한다.

② 고객 세탁물 수거
투숙하는 고객에게는 급하게 세탁, 다림질, 수선을 요구하는 경우가 종종 발생

👤 룸메이드 보고서

Room Maid Report

| 층 | | | | | | | DATE: 20   년   월   일 | |

객실	상태	투숙인	청소시간			순서	확인	공공장소	
			:	~	:				
			:	~	:				
			:	~	:			세탁물 및 미니바 점검:	
			:	~	:			세탁물 수거:	
			:	~	:			환경카드사용	타올
			:	~	:				시트
			:	~	:				베게
			:	~	:			습득물	
			:	~	:				
			:	~	:				
추가배정								객실고장사항	
			:	~	:				
			:	~	:				
			:	~	:				
			:	~	:			주의사항	
			:	~	:				
			:	~	:				
			:	~	:				
			:	~	:			룸메이드	배정량
			:	~	:				
			:	~	:				
			:	~	:				

하기 때문에 일반 세탁물 수거에 대한 정확한 시간 안내, 신속한 수선에 대한 비용에 대한 내용을 숙지하도록 한다.

③ 침대정리

Bed Making^(침대꾸미기)은 호텔 객실 상품 판매에서 고객이 입실시 가장 눈에 띄는 부분으로 더욱더 세심한 서비스 및 업무 수행이 필요하다. 객실 내 정비 작업 이후 최종 점검 대상으로 객실을 가장 좋은 상태로 유지시키는 서비스이라고 할 수 있다.

- Turn Down Service^(턴다운 서비스) 대상 고객은 장기 고객 및 계약업체 VIP 고객, 컨벤션 및 세미나 고객 등으로 분류하여 제공한다. 고객이 턴다운 서비스를 특별하게 요구하는 경우에도 제공 할 수 있다.

- Turn Down Service^(턴다운 서비스) 사진

👤 보라카이 상그릴라 호텔

Turn Down Service(턴다운 서비스) 방법

턴다운 서비스 아이템	· 턴다운 서비스 방법
침대	· 침대 스프레드를 완전히 벗겨 가로 · 세로 40cm 1개 정도를 옷장에 준비한다. · 스프레드를 완전히 벗기지 않고 침대 끝으로 반쯤 접는다.
담요 · 이불	· 여분을 반드시 객실 내 넣어 둔다.
객실 램프 및 음악	· 램프는 안정된 불빛으로 1개 정도로 ON 시켜 둔다. · 고객이 좋아하는 음악을 켜 두는 것도 좋은 서비스이다.
슬리퍼	· 슬리퍼를 옷장에서 꺼내 침대 앞이나 보이는 곳에 놓는다. · 인원수에 맞게 가지런히 놓는다.
어메니티	· 침대 위에 초콜릿, 룸서비스 메뉴를 놓는다. · 장기투숙객인 경우 어메니티의 다양한 서비스를 제공한다.
객실 내 온도	· 냉 · 난방을 18~25도 맞추어 놓는다.

④ 객실 미니바의 품목 보충

최근 객실 미니 바 관리에 대한 어려움으로 감소하는 추세지만 특급 호텔인 경우에는 비즈니스 고객층을 위한 서비스는 제공되고 있다. 출근하여 당일 체크아웃 객실부터 미니 바을 점검 후에 보고하고, 연박하는 객실은 객실 정비 시에 점검하며, 냉 · 난방 스위치와 냄새제거는 매일 확인한다.

미니바 보충은 당일 판 매분을 카트에 싣고 보충하며, 보충시 적정수량 및 재고를 반드시 확인한다.

⑤ 소모품, 린넨류 물품 비치

욕실내 린넨류 비치는 주로 Bath Towel 2장 , Hand Towel$^{(2장)}$, Wash Towel $^{(2장)}$, Foot Towel$^{(1장)}$으로 타월 선반 및 타월걸이에 놓아두며, 호텔 로고가 잘 보이도록 한다.

⑥ 객실 상황 변동에 대한 보고

재 실하는 고객이라도 급한 업무시 급하게 퇴실하는 경우도 발생하고, 객실 변경 요청에 대한 보고한다.

⑦ 객실 내 도난 및 파손에 대한 보고

호텔은 불특정 다수가 방문하는 곳으로 객실의 도난이 종종 발생함으로 주의하여 관찰하고, 객실 내 의자, 테이블, 유리컵, 욕조 거울 등 고객 부주의로 파손에 대한 점검 및 보고가 이루어져야 한다.

⑧ 대테러 관련 수상한 고객에 대한 보고

최근 외국인 범죄 증가와 수상한 고객이 입실하여 고객 안전에 위협을 주는 부분으로 객실 정비시 주의 있게 관찰하여 보고 하도록 한다.

⑨ 객실 보수에 대한 보고

객실 정비시 가구 및 옷장, 욕실 내 거울, 욕조 걸이 기타 등 점검 후에 객실 보수에 대한 부분은 신속하게 보고하고, 당일 객실 판매가 문제가 없도록 한다.

⑩ 분실에 대한 보고

당일 출근하여 퇴실 고객 리스트를 확인 후에 사전 객실 내 분실 유무를 확인하여 퇴실 전에 고객에 분실물을 전달하는 것이 룸 메이드 서비스 중 중요한 업무으로 인상 깊은 고객 만족이 되리라 본다. 분실물은 분실물 체크 리스트 작성하여 보고한다.

(2) 룸 메이드의 근무수칙

매일 한정된 업무시간에 완벽한 업무를 처리하는 것이 어려운 부분으로 책임감 있는 업무와 신속한 객실 정비를 필요로 한다. 특히 1인 작업으로 진실·충실한 업무 습관 이 반드시 필요하여 건강한 신체관리와 성실한 습관을 유지하도록 한다.

- 기본적인 일상 인사·생활 회화에 관련된 외국어를 습득한다.
- 고객에게 먼저 인사와 단정한 자세를 갖춘다.

이 객실은 룸메이드　　　　가 청소하였습니다.
전 객실 말씀이나 문제점은 프론트(다이얼 0번)으로 부탁드
립니다.
감사합니다.

お部屋の清掃はルームメド、　　　が いたしました。
お気付きの点やご用命はフロント(ダイヤル0番) まで
申し付け下さいませ。
ありがとうございます。

DEAR GUEST:
I HOPE YOU WILL ENJOY TOUR STAY AT ONYANG GRAND
HOTEL.
I WAS VERY DELIGHTED TO PREPARE THE ROOM FOR YOU.
SHOULD THERE BE ANYTHING I CAN DO TO MAKE YOUR STAY
MORE
COMFORTABLE, PLEASE CONTACT THE FRONT DESK, EXT.0
THANK YOU.
YOUR ROOM ATTENDANT,

ONYANG GRAND HOTEL

🙍 룸메이드 안내문

- 모든 집기, 가구, 비품 관리 시에 위생적으로 처리한다.
- 객실에 방문 시에는 반드시 노크와 소속을 꼭 알려준다.
- 재실에는 특별한 용무가 없는 경우 객실 내 출입하지 않는다.
- 고객과 대화를 나눌 때는 예의를 갖추어서 언행을 주의한다.
- 고객과 개인적인 이야기는 하지 않는다.
- 고객의 수하물 및 소지품은 절대로 만지지 않는다.
- 고객 정보와 객실 번호는 외부에 알려주지 않는다.
- 호텔 업무에 대한 내용 및 VIP에 대한 내용은 절대 외부로 노출되지 않도록 한다.
- 장기투숙객 및 재방문고객에게는 공손하게 인사드리고, 재방문에 감사 인사를 한다.
- 객실 마스키 관리와 보고서 작성에 대한 기록을 철저하게 한다.

(3) 룸 메이드의 주요업무

① 룸 메이드 1일 업무

업무 시간	내 용
오전	• 출근하여 유니폼 착용 및 당일 퇴실 리스트 확인 • VIP 체크 리스트 확인 • 전일 특이사항 및 주요 업무 지시 확인 • 린넨 실과 메이드 카드 정리 · 보충 • 당일 배정된 객실 12–14실 확인 및 점검 • 정비된 객실 현황 통보 • 미니 바 점검 • 파손된 집기 및 기물 점검 • 보수 관련 점검 및 보고
오후	• 오전 정비된 객실 현황 통보 • 미니 바 보충 • 턴다운 서비스 실시 • 마스트 키 보고서 작성 • 당일 정비 객실 보고서 작성 • 미정비된 객실 인계 • 특이사항 보고 및 퇴근
우선업무	• 프런트에서 신속한 정비를 요구하는 객실 정비 • 고객이 특별하게 산전 서비스는 요구하는 객실 정비 • VIP 객실 • 조기 입실하는 객실

[자료: 논자 재정리]

(4) 룸메이드의 화재, 위생, 안전 교육

① 화재예방

● 호텔 객실 내에 인화물질 · 화재의 우려가 있을 때는 신속하게 방재부서에 알린다.

● 객실 정비 시에 담배 재떨이와 꽁초는 쓰레기 봉지에 버리지 않도록 한다.

● **화재 발생 시 요령**

화재위치, 화재 종류를 방재부서, 후런트, 객실관리부 사무실로 연락한다.
소화기를 사용해 안전핀을 뽑고 호스를 향해 손잡이를 눌러 분출 시킨다.
화재 예방 교육의 매뉴얼에 의해 행동한다.

144

● 내피 안내는 각층 양쪽, 중앙에 비상계단을 이용하여 고객을 유도하고, 완
강기 구역에는 완강기를 이용하도록 한다.

소화기 사용법

① 소화기의 손잡이를 잡고 불이난 곳으로
접근한다.

② 손잡이를 잡고 안전핀을 살짝 당겨서
뽑는다.

③ 불이 난 곳에서 바람을 등지고 화점을
향한 후 손잡이를 움켜진다.

④ 불길 주위에서부터 빗자루로 쓸듯이 골
고루 방사한다.

② 공중 · 개인위생

● 유니폼은 청결하게 이용하여 착용한다.
● 머리 상태는 항상 단정하게 손질해야 한다.
● 손과 손톱관리는 작업 전 비눗물로 세척해야 한다.
● 식사 후 양치질을 생활해야 한다.
● 전염성이 있는 피부, 눈병, 바이러스 등이 발생할 때는 완전 치료 후 근무
한다.
● 개인위생을 철저하게 유지 관리한다.
● 청소구역에는 음식물을 두지 않고, 주변 청결에 각별히 주의한다.

👤 개인위생

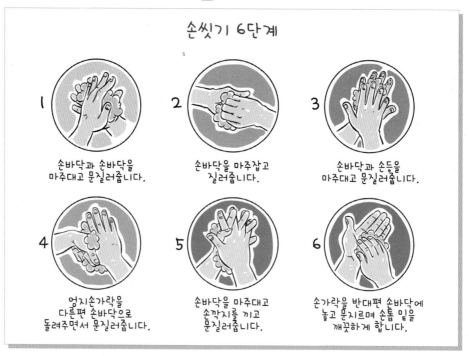

③ 안전

- 객실 정비시 안전관리에 대한 부분을 염두하고 작업한다.
- 룸 메이드 카트 이동시에 고객 안전에 유의하여 작업한다.
- 위험한 지역의 객실 청소 시에는 반드시 2인 1조 또는 사다리를 이용한다.
- 욕실 청소 시에 물기로 인한 미끄럼 방지를 염두하고 작업한다.
- 항상 안전수칙을 숙지하고, 안전한 장비를 착용한 후 작업한다.
- 작업 상황을 항상 책임자에게 보고한다.

(5) 객실점검원의 업무

Room Inspector(객실점검원)은 객실상품 판매를 하기 위해 최종 객실 점검을 하는 업무로 룸 메이드의 객실청소상태나 소모품 비치의 정리 · 정돈 · 청소 등 객실 상품 기능의 이상 유무를 점검하여 보고한다.

① 객실 주요 점검사항

- 창문과 커튼의 청소상태
- TV 및 서랍 속의 청결상태
- 휴지통, 카펫, 테이블의 점검
- 옷걸이, 옷장 점검
- 각종 전열기구 및 냉 · 온수 점검
- 침대 및 침구의 점검
- 미니 바 적정 수량 점검
- 룸 메이드 근무자세 점검

www.nkyhealth.org

② 객실 점검원 체크리스트

객실점검원은 출근하여 호텔 전체 체크아웃 리스트 및 VIP 입실 보고서를 확인 후 에 당일 정비한 모든 객실에 대해 체크하여 보고한다. 주별로 전혀 판매 되지 않는 객실은 세밀하게 점검후 객실판매가 이루어지도록 한다.

체크 리스트	체크	정비 상태
침대 꾸미기는 정리가 잘 되었는지?		
헤드보드는 중간에 밀착 되어 있는지?		
비품은 정리 및 수량은 맞는지?		
소모품은 적정수량으로 보충되어 있는지?		
객실의 전등은 문제가 없는지?		
실내의 온도 및 작동은 문제가 없는지?		
객실 및 욕조 거울은 깨끗한지?		
객실 카펫 및 커튼은 청결한지?		
서랍 내 · 외부는 깨끗한지?		
객실안내 책자는 바르게 정리 · 정돈 되어 있는지?		
창문은 잘 열리는지?		
비상 소화기 및 완강비는 잘 배치되어 있는지?		
호텔 내 전자 제품의 배터리는 있는지?		
여분의 침구류는 준비가 되어 있는지?		
냉 · 온수는 잘 나오는지?		
욕조는 청결 한지?		
욕실 내 각종 컵은 청결한지?		
샤워커튼은 청결한지?		
턴다운 서비스는 잘 되어 있는지?		

[자료: 논자 재정리]

👤 객실 점검 보고서

Room Inspection Report

DATE: 20   년   월   일

ROOM NO: ROOM MAID:

	평가부분	배점	G(9)	F(6)	B(3)	비고
기본자세	용모 및 복장	9				
	공공장소 청소	9				
	CART 및 CLEANER 정돈	9				

	평가부분	배점	청결 및 정돈 상태			비고
			G(9)	F(6)	B(3)	
객실청소	출입문, 벨, DOOR SET	3				
	옷장문, 문, 볼, CAPRET	3				
	옷장내 비춤	3				
	욕실문, 문 볼	3				
	욕실거울, 전등, 전화, H/D	3				
	세면대, 변기, 욕조	3				
	욕실비품 및 소모품	3				
	타일, 실리콘, 배수구	3				
	욕실내 철제품	3				
	M/B 유리, 전등, 창문	3				
	M/B 비품 및 음료	3				
	가구류, 거울	3				
	TV SET, 전화	3				
	객실비품 및 소모품	3				
	객실스탠드, 갓	3				
	창문, 문틀	3				
	CARPET, 글로리	3				
	벽지, 콘센트, 액자, 휀코일	3				
	BEDMAKING 상태	6	(6)	(3)	(1)	
	ORDER처리 및 보고	10	(10)	(5)	(0)	
	총점					

3. 세탁 업무

세탁물의 접수·수거한 후 수량과 종류를 확인, 기록하고 세탁실로 보낸다. 세탁실에 는 분류품목에 따라 처리하여 세탁을 하고, 세탁물 확인 시에 흠집이나 탈색 등 발견할 경우에는 즉시 고객에게 확인한다.

👤 크린테크

(1) 세탁업무의 중요성

고객세탁물은 주로 Regular Service^(일반 서비스)와 Express Service^(익스프레스 서비스)로 구분할 수 있으며, 일반 서비스는 오전에 맡게 당일 오후 6시에 고객에게 전달되며 세탁 요금은 호텔에 정해진 규정요금, 익스프레스 서비스는 고객의 요청에 의해 최소 3시간 이내에 제공되며, 호텔에 정해진 특별요금을 적용한다.

일반적으로 세탁물 서비스 절차로는 고객세탁물 요청 ▶ 하우스키핑·후론트 접수 ▶ 세탁실 도착 ▶ 세탁물 구분^(물세탁/다림질/수선) ▶ 세탁물 작업 완료 ▶ 객실

번호, 성명 확인 후 포스입력 ▶ 포장 ▶ 하우스키핑·후론트 전달 ▶ 고객 인수 인계 순이다.

① 세탁물 접수

- 세탁물에 대한 의뢰를 받으면 세탁물 전표, 객실번호, 접수시간. 세탁물 분류 표시, 접수자 등을 기입한다.
- 고객으로부터 특별 서비스요구 및 내용이 있을 경우 세탁물 대장에 기록하여 표시하고, 세탁물 배달 가능 시간을 반드시 재확인 한다.
- 세탁물 접수 및 세탁물 완료시에 객실번호, 고객 명을 확인한다.
- 당일 매출일보를 확인하여 차액이 누락된 것이 없는지 확인한다.

크린워드

② 세탁물 수거

- 고객세탁물은 객실번호 및 고객성명을 반드시 확인한다.
- 고객요청 사항에 기록된 수량을 확인한다.

- 세탁물 작업시 특이사항을 기록한다.
- 배달시간 및 금액을 재확인한다.
- 인수인계시 특이사항은 반드시 고객에게 확인하여 고객 불평이 없도록 한다.

세탁물 접수 대장

객실번호	성명	세탁물구분	접수시간	접수자	배달시간	배달자	날짜

[자료: 논자 재정리]

(2) 세탁물 관리

세탁물은 물세탁, 기름세탁, 다림질 등으로 분류하여 작업한다.

물세탁의 대상은 주로 속옷류, 내의류, 양말, 시트, 타월, 물수건, 작업복, 유니폼 등이며, 기름세탁은 고객의 양복, 모피 등이며, 다림질은 물세탁과 기름세탁으로 구분하여 작업한다.

① 물세탁

- 세탁물의 이상 유무를 확인한 후 이물질을 제거한다.
- 세탁물의 파손·탈색 등 이상 상태를 발견하면 즉시 접수자에게 알리고 재확인 후에 세탁한다.
- 낡은 의류는 손세탁 망에 넣어 세탁하고, 불가능한 의류는 반품 처리한다.
- 세탁물에 속옷류, 셔츠류 등으로 구분하여 세탁한다.
- 유색의류와 무색의류는 색깔의 오염방지를 위하여 반드시 분리하여 세탁한다.
- 섬유의 온도에 따라 조절하여 세탁한다.
- 건조 품목과 비건조 품목을 구분하여 다림질 한다.
- 익스프레스 세탁물 및 특별 세탁물은 고객요청 시간 내에 처리한다.

② 기름세탁

- 오점 제거는 사전에 이물질 제거 하고, 수분을 완전 건조후 세탁한다.
- 실크류, 가죽류은 특별히 주의하여 세탁한다.
- 색상별 및 재질별로 구분하여 세탁한다.
- 세탁기계의 적정량을 확인하여 투입하도록 한다.
- 고가류 및 낡은 기름세탁물은 가능한 고객에게 양해를 구한 후에 작업하도록 한다.

③ 다림질

- 물세탁 및 기름세탁으로 구분하여 작업한다.
- 의류·단추 등의 파손을 확인한다.
- 옷깃과 소매부위는 특별히 주의하여 다림질 한다.

● 주름이 이중으로 발생하지 않도록 주의하여 한다.
● 스팀 다름 질에 특히 주의하도록 한다.

④ 고객세탁물 체크 리스트

체크 리스트	체크	기타
고객 세탁물의 탈색 및 흠집이 있는지?		
세탁물 수량은 확인 하였는지?		
객실번호 및 성명은 확인 하였는지?		
유색의류와 무색의류는 구분하여 세탁했는지?		
세탁물의 주머니는 전부 확인하였는지?		
양말 및 속옷류는 비닐봉투에 넣었는지?		
객실번호 및 성명에 맞는 세탁물 있지?		
고객 요청한 세탁물은 맞는 지?		
세탁물 영수증은 객실번호의 부착 여부를 확인 하였는지?		
고객에게 인수인계 확인 하였는지?		

[자료: 논자 재정리]

4. 린넨 업무

호텔 내에 이용하는 고객들의 세탁과 호텔 종업원의 유니폼 및 호텔 내에서 사용하는 모든 린넨류의 세탁물을 총괄하는 부서로, 린넨 실은 호텔의 침대·욕실용 린넨과 테이블 린텐·넵킨·종업원 유니폼 등을 취급 또는 재고관리는 부서인 것이다.

일반적으로 대부분의 호텔에서는 객실정비와 긴밀한 업무 협조관계가 필요하여 객실정비부서에 린넨 실을 포함하기도 한다.

한일장식상사

(1) 린넨 업무의 중요성

린넨 업무는 호텔에서 사용되는 모든 린넨류(객실·식음료)와 종업원의 유니폼의 효율적인 관리를 통하여 예측수량 파악 및 세탁물 관리를 통하여 비용절감효과와 추가 이익창출을 통하여 고객만족을 실현하여 호텔객실관리에 중요한 매개 역할이 필요하다. 특히 최근에 호텔에서는 외부의 세탁용역업체와 제휴하여 운영하는 곳이 증가하고 있다.

(2) 린넨류 관리

호텔 내에서 사용하는 린넨류에 대한 세탁·수선 등 제반업무를 시행하고, 호텔 내 각 종 린넨류를 비치·관리하는 업무를 수행한다. 린넨류 관리는 객실 및 식음료 업장으로 구분하여 재공량 파악, 보충 물량 확보, 청결에 대해 각별히 주의하여 관리 하도록 한다.

① 린넨 정비 책임자 및 담당자의 직무

- 고객세탁물 보관 관리 및 고객 불만사항 해결
- 객실 · 식음료 영업장 세탁물 세탁 및 재고량 관리
- 호텔 린넨류의 세탁비 일별 · 월별 정산
- 부서원 업무교육과 근태관리
- 정기적인 대청소 및 청결 유지
- 린넨 실 비품 · 시설 관리
- 각 종 업무용품 재고 및 구매 관리
- 직원 유니폼 폐품처리 및 재활용품 관리
- 조직원 근무 스케줄 관리
- 1일 린넨류 세탁물량 확인
- 린넨류 주기별 재공조사 업무
- 1일 세탁물 매출일보 작성 및 POS입력

② 객실 린넨 전표

세탁물에 대한 반출 · 반입에 철저한 기록관리를 통하여 호텔 자산을 관리하는 데 목적을 두고 있다. 객실 린넨 전표를 통한 린넨의 입고 수량과 내용을 파악하기 때문에 객실 린넨 전표를 항상 작성하여 업무 하도록 한다.

객실 린넨 전표

Room Linen Laundry		
		날짜:
품목	수량	기타
베드 시트		
베개 케이스		
전신 타월		
얼굴 타월		
손 타월		

전신 매트		
베드 패드		
스프레드		
시트		
객실 커튼		

[자료: 논자 재정리]

③ 식음료 린넨 전표

호텔 내 식음료 업장에서 담당자가 수거해 온 세탁물을 품목·수량·규격·색상별로 구분 확인하고, 전표를 2부 작성하여 1부는 세탁공장에 보내고, 1부는 린넨 실에 보관한다. 호텔 내 식음료 업장에서 연회장의 린넨 류가 가장 많이 차지하고 있으며, 필요 수량을 최소 2-3회전 확보 가능하도록 하여 행사에 차질이 없도록 한다.

식음료 린넨 전표

F&B Linen Laundry		
담당자:		날짜:
품목	수량	기타
테이블 크로스 소		
테이블 크로스 중		
테이블 크로스 대		
냅킨 A		
냅킨 B		
테이블 스커트		

[자료: 논자 재정리]

④ 휘트니스 린넨 전표

휘트니스의 세탁물은 오전에 반출되는 수량이 많아 일정 수량의 보유 수량을 오전 오후 시간대별로 기재하도록 하며, 보충 공급이 불가능할 시에는 최대한 세탁실과 협조하여 준비하도록 한다.

휘트니스 린넨 전표

Fitness Linen Laundry		
사우나&휘트니스 담당자:		날짜:
품목	수량	기타
매트		
바디 타월		
라운지 타월		
가운		
운동복 상의		
운동복 하의		
타월		

롯데호텔

⑤ 유니폼 린넨 전표

유니폼은 호텔 종사원의 서비스 수준을 척도 하는 기본적인 요소이며, 종사원의 호텔에 대한 소속감에 대한 마인드 업을 높여 주는 역할을 한다. 호텔에 근무하는 모든 종사원은 유니폼을 착용하고 근무함으로써 유니폼 관리를 통해 내부 마케팅의 만족을 높일 수 있도록 한다.

유니폼은 고객 서비스를 제공하는 종사원이 반드시 착용해야 하고, 최소한 1인당 2벌은 준비해야 하며, 각 부서별 근무 형태 및 직종에 따라 업무 효율성을 높일 수 있는 디자인으로 제작되어야 한다. 특히 호텔은 이직률이 높은 편으로 장기 관리에 유념하여 관리하며, 부서별 ·사이즈별·성별 ·동하절기 등으로 보관이 필요하다.

- 부서별 유니폼의 중요성은 호텔의 이미지 및 위생에 중요한 역할을 하기 때문에 유니폼 선정 시에 주의하여야 한다. 벨 데스크 및 콘시어지 부서는 빠른 기동성이 필요함으로 다림질이 필요 없는 직물선택 및 내구성이 좋은 직물이 필요하며, 각 업장 조리부서에서 요리를 하는 종사원은 작업 시에 땀의 배출이 많은 편이라 통풍 및 흡수성의 효과가 높은 면제품을 선택하여 업무의 효율성이 높이도록 한다. 시설부서에서 작업하는 종사원은 특성상 호텔 내·외부 작업 시에 간단한 작업도구 소지 가능한 유니폼을 구매하도록 한다.

- 유니폼 관리는 비용 최소화를 위해서는 종사원의 유니폼은 반드시 개인적으로 보관하는 것은 미연에 방지하도록 하며, 유니폼에 흠집 및 기타 수선이 필요시에는 신속하게 처리해서 유니폼 손상이 없도록 한다. 종사원의 유니폼은 계속 순환되어 사용됨으로 최초 구입 시에 여유있는 수량으로 구매하도록 하고, 손상된 유니폼은 반드시 사유서를 제출하여 관리한다.

- 세탁물 지급과 반납은 입사 전·퇴사전에 유니폼 관리자 진행해야 하는 과정으로 입사 전 담당자, 품목, 수량을 확인하고, 전표를 2부 작성하도록

한다. 종사원 1인당 2벌씩 고정 유니폼을 지급하고, 본인 서명을 진행 한
다. 특히 퇴사 및 부서 이동할 경우 유니폼을 반납하며, 미반납시에는 회
사 내규에 따라 처리한다. 일반적으로 유니폼은 부서별에 따라 내구년수
가 다르게 적용되고 있다. 유니폼 부서에서는 양복, 작업복, 조리복 상ㆍ
하의는 2년이며, 남ㆍ여 와이셔츠는 1년으로 정하고 있다.

👤 유니폼 린넨 전표

Uniform Linen Laundry		
날짜:		
부서명:		
직위:		
성명:		
품목	수량	기타
코트		
바지		
재킷		
와이셔츠		
넥타이		
스커트		
블라우스		

[자료: 논자 재정리]

Chapter
06

객실부문의
인력관리 업무

Chapter 06

객실부문의 인력관리 업무

호텔산업은 인력에 대한 의존도가 높고, 구성원의 서비스 창출과 역량 능력이 중요한 역할을 수행하기 때문에 Manpower Management(인력관리)의 중요성 매우 필요하다. 고객 서비스의 질을 높이기 위한 첫 번째로 서비스 마인드를 갖춘 인력자원의 확보·교육·관리인 것이다.

한국호텔 교육원

1. 객실부문 인력관리 기본 지침

호텔산업은 인력에 대한 의존도가 높고, 구성원의 서비스 창출과 역량 능력이 중요한 역할을 수행하기 때문에 Manpower Management(인력관리)의 중요성 매우 필요하다. 고객 서비스의 질을 높이기 위한 첫 번째로 서비스 마인드를 갖춘 인력자원의 확보·교육·관리인 것이다.

객실부문의 책임자는 인력자원 채용계획, 교육, 관리 등을 매월 계획을 수립하고, 실시하도록 한다.

(1) 인력관리

호텔의 전반적인 인력관리는 총무 · 인사부서에서 운영 관리하고 있지만 기본실무 · 심화실무 교육은 객실 부서 책임자가 실시하여 운영되고 있다. 객실 부서 책임자는 우선 부서원의 인원 평가 · 분석, 충원계획, 채용방법, 면접 내용, 기본교육, 실무 교육직무평가, 경력관리의 단계로 준비하도록 한다.

(2) 충원계획

고객서비스에 차질 발생 · 내부 조직 구성원 사이에서 문제될 부분의 가능성이 있다면 부서 책임자는 안정된 조직 운영을 위해 사전 예측과 개인적인 상담으로 대응방안을 마련해야 한다. 인력 부족으로 체크인, 체크아웃이 늦어져서 고객 불평이 발생하거나 예기치 못한 문제시에는 신속하게 호텔 내부에서 인력을 보충하게 된다.

① 인력 충원시 고려 사항
- 호텔 내부 지원자 모집을 통하여 승진 기회 및 내부 이동 한다.
- 장기 근무가 가능한 인력을 채용한다.
- 해당 분야 숙련도를 반드시 확인하고, 검증한다.
- 조직 구성원의 업무 융합이 가능한 부분을 반드시 확인한다.

👤 인력충원 요청서

Request For New Hire	
• 날 짜: • 소 속: • 담당자명:	
1. 성명:	1. 급여:
2. 직급:	2. 근무시간:
3. 성별:	3. 가족관계:
4. 주요 경력 사항:	4. 퇴사이유:
5. 외국어 능력:	5. 근무가능일:
6. O/A 능력:	6. 긴급연락처:
	7. 집 주소:

(3) 채용방법

인력을 채용 시에는 부서장은 내부적으로 필요인원, 급여, 경력 및 신입, 성별, 근무 시간 등에 대한 구체적인 내용을 가지고 인사부서와 논의·채용방법에 대해 상호 협력한다. 호텔에 근무하는 종사원의 서비스 마인드에 대한 자질은 단기간에 할 수 없는 부분이며, 호텔 내부공모를 통해 승진 기회를 마련하는 것도 중요함으로 다양한 경로를 통해 추천을 받도록 한다. 호텔 채용 방법에는 인터넷 채용 공고, 학교 추천, 헤드헌팅, 지인 추천으로 공모한다.

👤 채용 공고 안내문

○○호텔 신규사원 모집

■ 모집부문 및 자격요건

모집분야	자격요건	우대사항	모집인원
· 객실영업팀 · 조리팀 · 식음료사업팀 · 레져사업팀 · 관리팀	· 학력: 무관 · 경력: 신입/경력 · 성별: 무관	· 해당직무근무경험 · 컴퓨터활용능력우수 · 문서작성우수자 · 더존/회계능숙자 · 인근거주자	○○명

■ 근무환경
· 근무지역: 경북 경주시 구정동 경주온천관광호텔
· 근무형태: 정규직 (수습기간 3개월)
· 근무부서: 각 모집분야별 부서상이
· 급여조건: 회사규내에 따름 (신입 연봉 1900만원)

■ 접수기간 및 방법
· 마감일: 2016년 9월 19일 (월) ~ 2016년 10월 31일 (월)
· 접수방법: 방문접수, FAX, 우편, e-mail 접수
· 제출서류: 이력서, 자기소개서, 자격증 사본

■ 전형절차
· 서류전형 ▶ 1차 실무진 면접 ▶ 2차 임원면접 ▶ 건강검진 ▶ 최종합격
　(면접시 시간엄수: 10분 도착 대기)

■ 전형절차
· 담당부서: 운영지원팀
· 전화 및 FAX
· 이메일
· 회사주소

[자료: 경주온천관광호텔]

(4) 면접과정

호텔에서는 공개/비공개 채용 공고를 통하여 1차 서류전형 합격자에 한하여 1차 실무 면접, 2차 임원 면접, 건강검진 후 최종합격을 실시하고 있으며, 인적사항, 성장과정, 장래 희망, 호텔을 지원 사유 등의 기본사항과 합격후 호텔에 대한 열정, 호텔 기여도, 조직 융화 등의 다양한 질문을 받게 된다. 특히 경력직 채용 면접에는 실기, 경력 기술서등을 테스트 하는 경우도 있으므로, 면접 전에 반드시 철저하게 준비 하도록 한다.

자기 소개서

성장과정	
생활신조	
성격소개	
지원동기	
희망업무 및 포부	
특기사항	

👤 채용 면접 질문표

평가항목	질문내용 / 추가질문	배점	점수	비고
동기와 지향	당사를 무슨 이유로 선택하셨습니까?	5		
	지원한 직군에서 당신의 장기(특기, 잘하는 것)를 객관적으로 말해 주십시오.	10		
직업에 대한 마음가짐	입사 후 업무가 맞지 않을때, 당신은 어떻게 합니까?	10		
	자기가 좋아하는 일이나 잘 맞지 않는 상사, 선배는 어떻게 하면 잘해 나갈 수 있겠습니까?	5		
	만약에 취업했을 경우, 당신은 몇 년 정도 근무할 수 있습니까?	5		
	현장에서 근무하면 육체적으로 정신적으로 상당히 힘들텐데 입사하기 전에 본인의 각오를 듣고 싶습니다.	10		
단기근무 의도파악	입사 후 본인의 퇴사를 결정하게 할 중대한 사유는 무엇입니까?	10		
	본인이 생각하는 지원한 직군의 비전은 무엇입니까?	5		
	미래에 안정적인 직장은 어떤 직장이라고 생각하십니까?	5		
	당장 본인이 많은 빚이 있다고 가정하면 어떻게 변제하겠습니까?	5		
업무력	지원한 분야에 있어서 본인의 장점과 단점은 무엇입니까? (전문성 검증)	10		
	해당분야에 근무하면서 가장 힘들었던 점은 무엇입니까?	5		
	파워포인트, 엑셀을 알고 있습니까? / 사용한 경험은 몇 년 입니까?	5		
	본인의 IT 능력을 상·중·하로 평가하면 몇 점 입니까?	5		
	본인이 생각하는 호텔은 무엇입니까	5		

느낌에 대한 평가			직무면접 접수	
외관/ 용모	건강상태	① ② ③ ④ ⑤	생각하는법	① ② ③ ④ ⑤
	특징	① ② ③ ④ ⑤	생활상태	① ② ③ ④ ⑤
	전반적인 상	① ② ③ ④ ⑤	총체적으로	① ② ③ ④ ⑤
표현력	이야기하는 법	① ② ③ ④ ⑤	협동성	① ② ③ ④ ⑤
	음성	① ② ③ ④ ⑤	성실, 책임	① ② ③ ④ ⑤
	이해관찰력	① ② ③ ④ ⑤	적극성	① ② ③ ④ ⑤

성실성

성격

종합 의견		성격면접 점수		
		통합점수	채용	
			합격	불합격

※직무 면접 70점 이하(부적합) / 성격 면접 35점 이하(부적합)

[자료: 논자 재정리]

2. 객실부문 기본 교육

최종 합격에 선발된 인력은 인사부서에서 회사 내규에 맞는 필요 서류를 준비하여 제출하게 되며, 신입/경력직 구분하여 부서 배치계획을 수립하게 되고, 오리엔테인션 및 경력관리를 한다.

일반적으로 호텔에서는 오리엔테이션, 실무교육, 기본 호텔 매너에 관련된 교육을 받게 된다.

호텔인 교육센터

(1) Orientation(오리엔테이션)

총무·인사교육부서에서 업무를 주관하여 진행하게 되는 오리엔테이션은 신입사원과 경력사원으로 구분하여 실시하게 되는데, 신입사원은 호텔기업의 문화, 역사, 회사 안내, 조직 등의 호텔 외부 환경과 내부 환경에 적응 할 수 있는 기본정보를 제공하게 되며, 회사내규 및 서비스 종사원이 갖추어야 하는 일련의 모든 정보를 전달하 는 과정이다.

화재 발생시 업무 절차 및 조치

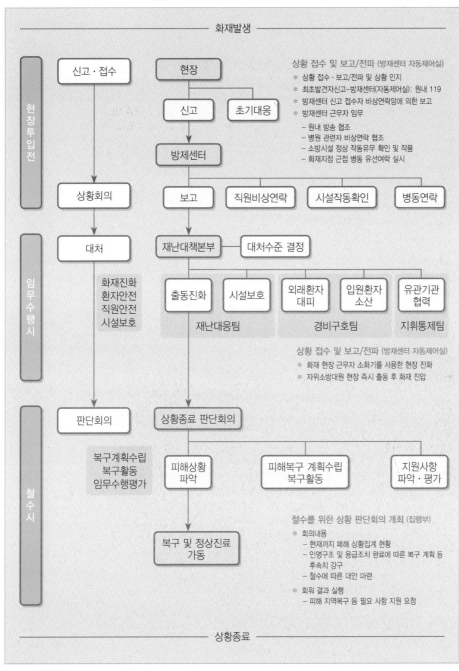

[자료: 소방방재청]

경력사원은 근무 일정에 따라 현장 부서에서 부서 책임자가 별도로 진행하는 경우도 있다.

 오리엔테이션 기본 교육 내용

시 간	내 용	시 간	내 용
1일 차	총지배인 인사말 • 기업철학과 경영방침 • 서비스 마인드 교육	2일 차	회사 내규 및 규정집 • 복지 및 기타 • 근태 규정 • 화재 예방 교육
	호텔 기본 소양 교육 • 기본 서비스 교육 • 직원 소개 • 부서별 팀장 소개		호텔 시설 안내 • 각 업장별 안내
	• 주변 호텔 시장 환경과 역할 • 호텔 자부심에 대한 긍지		• 교육자 산행 및 회식 • 교육 참석자 단합 및 팀워크

[자료: 논자 재정리]

(2) On the Job Training (실무교육)

실무교육은 총무·인사교육부서의 오리엔테이션이 최종 끝나는 후에 시행되며, 부서 책임자가 교육 일정을 다시 잡고, 부서별 교육 절차를 통해 업무를 진행한다. 호텔 마다 교육프로그램은 차이가 있지만 근무조별 업무 숙지와 팀별 직무 교육을 실시한다.

일자	Time	교육 내용	담당
1일차	AM	그룹사 소개 취업 규칙 사내 규범 교육 (급여, 직급, 보직, 상벌제도등) 팀별 구성과 조직도 안내 직장내 예절 및 CS교육	인사총무
	PM	팀내 구성원 인사 팀별업무와 조직내 신규사원의 업무와 역할 상황별 보고체계와 기안(작업/비용) 각 부서 담당 및 부서장 인사	부서장
2일차	AM	현장체험(팀별 직무 교육) 실무 관련 세부사항 교육	부서장

일자	Time	교육 내용	담당
2일차	PM	현장 체험(팀별 직무 교육) 실무 관련 세부사항 교육	부서장
3일차	AM	현장 체험(팀별 직무 교육) 실무 관련 세부사항 교육	부서장
	PM	현장체험 종합 TEST	부서장
		업무 당부사항 교육 종료	총 지배인

[자료: 논자 재정리]

(3) 기본 호텔 매너

호텔은 고품격 서비스를 지향하는 곳으로, 호텔 종사원이 갖추어야 기본 호텔 매너는 식음료 테이블 매너, 전화 예절, 안내 및 고객 응대, 대화, 대화 예절, 명함 교환, 인사, 악수, 용모 및 복장 등으로 고객 서비스 실현을 위한 기본 호텔 매너에 대한 소양교육을 익히는 것은 고객 서비스를 창출할 수 있는 필수 조건인 것이다.

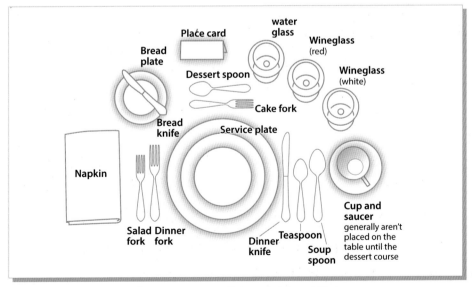

테이블 기본 세팅(자료: 메이필드 문학교)

① 호텔 서비스 기본업무수칙

호텔 서비스 기본업무에 대한 수칙은 호텔 종사원으로 반드시 지켜야 하는 중요한 역할로 고객에게 따뜻하고 좋은 인상을 주는 것은 물론이고 모든 서비스 종사원의 책임이다.

- 호텔 서비스 종사원의 자부심을 가지고 업무 임한다.
- Guest is always right^(고객은 언제나 옳다).
- 고객 만족을 위한 대 고객 맞이 서비스를 실현한다.
- 언제나 미소와 인사로 호텔에 방문하는 모든 고객에게 친절하게 응대한다.
- 고객이 요청사항은 반드시 신속하게 업무 처리 하도록 한다.
- 고객의 성함을 자주 불러주어 기억하도록 한다.
- 한번 고객은 영원한 단골고객으로 모시도록 배려한다.
- 먼저 고객에게 항상 정중한 작별인사와 감사인사를 드린다.
- 모든 호텔 구성원은 가족이라는 믿음으로 상호 존중하고 협력한다.
- 고객의 욕구를 사전 예측·파악하여 적극적인 서비스를 실현한다.
- 고객 불평·불만은 신속하게 처리하고, 처리결과를 고객에게 알려준다.
- 고객 앞에서는 모든 대화는 존경어를 사용하도록 한다.
- 유니폼과 명찰은 반드시 착용하여 근무자 복장규정을 갖춘다.
- 고객의 안전을 위해 안전수칙을 숙지한다.
- 호텔 내·외부의 위험요소 및 사건 발생 시에 즉시 책임자에게 보고한다.

② 호텔 서비스 배제업무수칙

호텔 서비스에서 해야 할 일과 하지 말아야 할 일은 구분되어 행동해야 하며, 하지 말아야 할 일^(배제 업무)는 고객 서비스에서 행동, 언행, 호칭 등으로 나타나기 때문에 언제 어디서나 고객에게 불쾌한 인상을 주지 않도록 주의한다.

- 고객 또는 호텔 거래처 담당자와는 절대 논쟁하지 않는다.
- 고객의 요청에 NO라는 답변을 절대 말하지 않는다.
- 고객의 위치·방향 안내에는 절대 손가락으로 방향을 가리키지 않는다.

- 고객에게 사적인 문제 및 회사의 문제관련의 대화 하지 않는다.
- 고객의 미팅 일정 · 사적인 생활에 이야기 하지 않는다.
- 고객에게 등을 보이지 않는 습관을 갖도록 한다.
- 고객이 다니는 동선에서 가로질러 다니지 않는다.
- 고객 수하물 및 우편물은 절대 열람하지 않는다.
- 고객의 객실번호는 타인에게 절대 알려주지 않는다.
- 고객동선에서는 절대 뛰는 행동은 각별히 주의한다.
- 연령이 어린 고객의 요청 시에도 하대하지 않는다.

③ 전화응대 기본예절

호텔에서 전화응대는 가장 기본적인 예절로 고객의 보이지 않아 상황대처 · 소통에 어려움이 발생할 수 있고, 유선 상으로 설명하는 한계 때문에 고객과 통화 시에는 반드시 메모를 하고, 복창하는 습관이 필요하다.

- 고객의 전화벨은 3회 이상 울리기 전에 신속하게 받는다.
- 전화벨이 울리면 반드시 메모하면서 경청 · 대화 한다.
- 부서와 본인 이름을 고객에게 알려준다.
- "솔"과 "라"사이 톤으로 정확한 발음으로 통화한다.
- 전화 내용은 간단 · 신속하게 처리한다.
- 전화 통화 완료 후 감사 멘트를 사용하여 고객에게 좋은 이미지 · 인상을 준다.
- 수화기는 고객이 전화를 끊은 후에 내려놓는다.
- 5W 1H(6하 원칙–who, when, where, what, why, how)으로 통화한다.
- 통화 중에는 타인과 대화하지 않도록 한다.
- 대화 중 호텔의 전문용어를 사용하지 않는다.
- 사적인 통화는 가능한 본인 휴대폰으로 사용하도록 한다.
- 기본 3가지 멘트인 '감사합니다', '번거롭게 해드려 죄송합니다', '고맙습니다'항상 습관화하도록 한다.

④ 전화응대 요령

● 전화 응대 기본 용어 표현

상황	전화 응대 기본 용어 표현
인사	안녕하십니까?
감사	정말 감사합니다.
죄송	고객님, 불편을 드려 정말 죄송합니다.
	고객님, 전화연결 상태가 좋지 않습니다. 좀 더 크게 말씀 해주시면 감사하겠습니다.
호칭	어느 / 어떤 분이십니까?
	00고객님 누구 십니까?
양해	죄송합니다만 잠시만 기다려주시겠습니까?
	죄송합니다만 잠시 자리를 비웠습니다.
	다시 한 번 말씀해 주시겠습니까?
	지금 전화 통화중입니다만 다시 전화 드려도 되겠습니까?
	제가 안내해도 되겠습니까?
확인	당 호텔에는 00고객님 성함은 없으십니다.
	당 호텔에는 찾으시는 분은 근무하지 않습니다.
	제가 확인하고, 다시 전화 올리겠습니다.
위치 · 안내	고객님, 찾으시는 호텔은 이곳이 아닙니다.
	고객님, 당 호텔은 00 호텔입니다.
	당 호텔은 광화문에 위치하고, 지하철 교통편은 5호선 광화문 6번 출구에서 나오시면 바로 호텔이 보이십니다.
	혹시 길을 모르시면 02-2171-0000으로 전화주시면 자세하게 안내해드립니다.
	혹시 무거운 수하물이 있으면 벨 데스크에 맡겨 두고, 호텔 체크인시에 전달 해드리겠습니다.

[자료: 논자 재정리]

● 업 셀링 객실 판매시 전화 예절

호텔의 일반 객실은 가격이 저렴하게 판매하거나 호텔 프로모션/패키지로 인해 일반 객실은 사전 예약완료가 되는 경우가 많이 발생하게 되며, 그에 따른 디럭스 객실 및 이그젝티브 객실, 비즈니스 객실은 예약 상황이 여유가 있기 때문에 객실 예약 및 후론트 데스크 부서는 Up-Selling(업 셀 링)을 유도하여 객실 판매율을 높이도록 한다.

상 황	전화 예절 표현
일반 객실 판매 완료시	• 고객에게 일반 객실 판매 완료에 대한 내용을 충분히 설명 한다. • 현재 디럭스 및 스위트 객실 밖에 없다는 표현은 가급적 하지 않는다. • 일반 객실 예약에 대한 호텔 기준을 알려준다. (예시: 당 호텔은 최소 1주일 전에 예약하시면 일반 객실 예약 가능하다는 내용을 설명한다). • 고객에게 무조건 일반 객실은 전혀 없다는 표현 보다는 일반 객실 판매가 사전 예약 완료된 부분을 설명하여 고객이 이해가 되도록 설명하는 것이 중요하다.
디럭스 객실 안내시	• 디럭스 객실 및 이그젝티브 객실에 대한 특전 및 할인요금정책을 알려준다. • 재구매에 대한 디럭스 객실 예약에 혜택을 설명한다. • 호텔 부대시설 및 조식 뷔페에 대한 할인요금에 대한 정책을 충분히 고객에게 알려준다. • 일반 객실 대비 디럭스 및 이그젝티브 객실 할인율을 제공하거나 높은 층 또는 호텔 좋은 뷰로 배정한다.
일반 객실 계속 요구시	• 일반 객실 예약에 대한 대기예약을 진행한다. (고객 예약 취소 및 객실 예약 변동에 대한 내용을 다시 알려 드리도록 한다).

● **Over Booking**(초과 예약)**시 전화 예절**

호텔에서는 객실 판매율을 극대화하기 위해 Over Booking(초과 예약)을 객실 예약 부서에는 실시하며, 초과 예약은 가능한 호텔의 일반 객실 기준으로 3%~5% 이내로 정하여 진행하도록 한다. 고객에게 초과 예약에 대한 객실예약상황을 충분히 설명하여 오해가 없도록 하며, 고객과 통화 중에는 감사한 마음과 객실 예약이 도와드리지 못하는 아쉬운 부분을 잘 전달하도록 한다. 또한 예약 일자를 확인하여 대기예약을 진행해드린다는 말씀과 객실예약 변경·취소 시에 연락드린다는 전화멘트는 알려준다.

호텔의 주요한 거래처 또는 VIP 고객의 예약은 타 호텔과 연계하거나 권유 해드리는 배려까지 잊지 않아야 한다.

⑤ **인사 방법과 종류**

고객 접점에서 가장 먼저 행하여지는 행위인 인사는 호텔 종사원의 가장 기본적인 예절로 중요한 역할이며, 호텔에 방문하는 모든 고객에게 우선적으로 진행하게 된다.

인사는 항상 진실한 마음을 담고, 고객에게 존중하는 자세를 갖추고 시행한다.

● 인사방법

구 분	기 본 사 항
얼굴표정	밝은 표정과 아름다운 미소 짓는다.
눈 시선	고객의 눈은 언제나 협조적인 시선으로 바라본다.
머리자세	모든 고객에게 머리 숙여 인사하고, 머리를 숙일 때에는 약간 빨리, 들 때에는 천천히 한다.
허리자세	등은 바로 펴고, 허리, 엉덩이는 일직선이 되도록 유지한다.
발 · 다리자세	발은 약간 벌리고, 다리는 곧게 펴서 무릎을 붙인다.
기본 인사말	안녕하십니까? 어서 오십시오. 대기 중입니다. 감사합니다. 고맙습니다. 실례합니다. 수고하셨습니다. 다시 만나 뵙기를 희망합니다. 죄송합니다. 예, 알겠습니다. 안전한 여행되시길 바랍니다. 잘 다녀오겠습니다.

[자료: 논자 재정리]

● 인사의 종류

고객 누구에게도 먼저 머리 숙여 인사 한다. 인사의 종류에는 15도 인사, 30도 인사, 45도 인사로 구분하며, 계단, 좁은 문, 위험한 지역에서는 인사는 하지 않아도 된다. 특히 잘못된 인사를 종종 보게 되는데, 존중과 신뢰가 없는 인사, 무표정한 인사, 망설이는 인사, 고객만 끄덕이는 인사, 눈을 바로 쳐다보지 않고 하는 인사 등은 하지 않도록 주의한다.

− 15도 인사: 가벼운 인사(직장 동료, 친구)

− 30도 인사: 보통 인사

− 45도 인사: 정중한 인사

− 60도 인사: VIP 인사

● 인사 단계

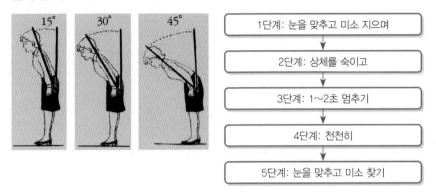

1단계: 눈을 맞추고 미소 지으며

↓

2단계: 상체를 숙이고

↓

3단계: 1~2초 멈추기

↓

4단계: 천천히

↓

5단계: 눈을 맞추고 미소 찾기

⑥ 호텔 안내

호텔 안내의 기본은 고객이 원하는 방향·위치를 정확하게 정보를 알려주는 마음자세로 행동해야 하며, 고객이 정말 친절을 받았다는 느낌이 잘 전달될 수 있도록 하여, 안내 시에는 손가락으로 방향·위치를 가리키는 일은 있어서는 안 되고, 반드시 손바닥을 약간 안으로 접고, 손바닥이 위로 향하도록 방향·위치를 가리키도록 한다.

● 객실부서 안내요령

상황	호텔 안내 멘트	호텔 안내 행동
벨 데스크 컨시어지	(사전인사) 고객님, 안녕하십니까? 무엇을 도와드릴까요?	(고객맞이) 고객시선을 바라보고, 자세를 바르게 한후 손가락을 모으고, 손등을 밑으로 하여 위치·방향을 안내한다.
후론트 데스크	(사전인사) 고객님, 안녕하십니까? 예약번호/성함을 부탁 드립니다.	(사전준비) 고객시선을 바라보며, 숙박등록카드를 출력하여 고객에게 안내한다.
도어맨	(사전인사) 고객님, 당 호텔에 오신 것을 환영합니다.	(사전예측) 고객 요청사항을 체크하고, 신속하게 업무 처리하도록 계획한다.

[자료: 논자 재정리]

● 호텔 종사원의 용모 및 복장 체크리스트(부서 책임자)

항목	용모 및 복장	확인
머리	머리 모양은 단정하게 정리되었는가?	
	머리 모양은 7:3(8:2)비율로 손질하였는가?	
	앞머리는 귀가 보이도록 손질하였는가?	
	비듬과 머리에 냄새는 안 나는가?	
	머릿기름은 냄새가 너무 강하지 않는가?	
얼굴	청결한 느낌과 안경은 깨끗하게 보이는가?	
	턱수염, 코털은 말숙하게 되어있는가?	
	치아는 깨끗하고, 입 냄새는 나지않는가?	
손	손톱 정리는 잘 되어 있는가?	
	손은 항상 위생적으로 관리하고 있는가?	
	손톱의 매니큐어는 무색으로 되어 있는가?	
복장 · 넥타이 · 바지	유니폼의 얼룩과 다림질은 잘 되어 있는가?	
	단추가 없거나 느슨하지 않는가?	
	와이셔츠 소매, 칼라부분은 깨끗한가?	
	색깔 있는 속옷을 입고 있지 않는가?	
	주머니에 물건을 넣어 불룩하지 않는가?	
	정위치 에 잘 매여 있는가?	
	때, 얼룩, 구겨짐은 없는가?	
	양복의 색상과 넥타이 길이는 적당한가?	
	바지 주름은 잘 다림질 되어 있는가?	
	바지 길이는 구두 뒤축 선에 맞추어서 정리되어 있는가?	
벨트	벨트는 복장, 구두 색과 어울리는 색인가?	
	벨트는 너무 길지 않는가?	
	벨트모양은 눈에 띄지 않는가?	
양말	바지와 어울리는 색인가?	
	색깔 있고, 화려한 색상은 아닌가?	
	스포츠 양말을 신고 있지는 않는가?	

항목	용모 및 복장	확인
구두	구두 얼룩은 없고, 깨끗하게 잘 닦여져 있는가?	
	구두끈은 단정하게 매여져 있는가?	
	구두 색상은 너무 화려한 색상은 아닌가? (일반적인 구두 색상은 검정색)	
액세서리	유니폼에 잘 어울리는가?	
	목걸이, 팔지, 귀걸이는 너무 화려하지 않는가?(일반적으로 근무 중에는 착용금지)	
	화려한 머리핀, 반지을 착용하지 않는가?	

⑦ 명함 교환

명함은 프랑스의 루이 14세 때부터 전해지고 있으며, 루이 15세 때부터 지금의 명함 형태로 사용했으며, 사교 및 사회생활에 있어서 본인의 소개하는 역할을 해 왔다.

일반적으로 명함은 사교용 명함과 업무용 명함으로 구분하여 사용하지만 우리나라는 업무용 명함만 사용하고 있으며, 업무용 명함에는 이름, 직장명, 부서명, 전화번호, 본인 직위, 이메일 주소 등으로 기재하고, 명함은 고객에게 전달하는 첫 인상으로 비즈니스의 성공여부를 결정하는 중요한 업무이다.

● 명함 에티켓 및 매너

	에티켓	매너
1	자신을 소개하면서 인사와 동시에 명함을 준다.	명함은 명함 집에 반드시 넣도록 한다.
2	명함은 반드시 오른손으로 주고, 고객 숙여, 겸손하게 "000라고 합니다. 앞으로 잘 부탁드립니다". (인사말 진행)	명함 관리는 정리 정돈하고 깨끗하게 관리한다.
3	자기 소속, 직위를 명확하게 알려준다.	명함은 회사, 본인의 얼굴이미지로 가능한 필요한 곳에서만 사용한다.
4	명함은 명함지갑 이외의 본인의 지갑에도 여유 있게 준비한다.	명함 전달시 에는 고객이 읽기 편하게 고객 방향으로 전달한다.
5	명함은 반드시 일어서서 두 손으로 받는다.	화려하고, 색상이 어두운 명함은 제작하지 않도록 한다.

	에티켓	매 너
6	고객에게 받는 명함은 반드시 바로 확인하고, 한자 또는 영문표기가 어려운 경우에는 고객에게 여쭈어 본다.	명함은 방문자 또는 아랫사람이 먼저 명함을 전한다.
7	명함을 받고나서 바로 집어넣지 않도록 한다.	명함의 전하는 위치는 너무 높지 않은 가슴 높이에서 두 손으로 전한다.
8	고객이 명함을 내밀 때 절대 다른 곳으로 대화·시선을 돌리지 않도록 한다.	명함은 오른손으로 건네고, 왼쪽 손바닥으로 받는다.
9	고객 명함을 소중하게 다루도록 한다.	명함 교환은 첫 인사 시에 바로 전한다.
10	명함은 고객의 중요한 정보·효과적으로 활용 가능한 부분으로 인상착의, 미팅날짜, 연락처, 이메일 주소록에 기입한다.	(다수 명함 교환) 명함 교환은 직위별로 위에서 두고 고객성함을 재확인하면서 미팅한다.

⑧ 호칭

호텔에서 매우 까다롭고, 어려운 부분이 호칭이라고 할 수 있다. 일본, 한국에서는 호칭에 대한 예의가 매우 중요하며, 호텔에서 호칭은 직장 동료, 고객, 어린 고객에 따라 상황에 따라 호칭하도록 한다.

- 대등한 위치에 있는 호칭은 이름 두에 "씨"자를 붙여 부르고, 상대의 기본 예의·존중을 유지하도록 한다.

- 고객의 호칭은 내국인/외국인 고객에 따라 다르지만 내국인 고객인 경우에는 고객님 또는 손님으로 호칭한다.

- 어린 고객의 호칭은 초등학생 이하인 경우에는 왕자님 또는 공주님으로 호칭하고 초등학생 이상인 경우에는 고객님으로 호칭한다.

- 아시아권은 성과 이름을 동시에 호칭하면 되고, 영어권은 성과 이름이 긴 경우가 많아서 이름만으로 호칭해도 무관하지만 호텔에서 호칭은 주로 Mister(Mr.), Mistress(Mrs.), Miss, Master, Sir, Madame으로 부르고, Last Name(성)을 붙여서 호칭한다.

- 경칭(Sir) 호칭에 주의사항이 몇 가지 필요하여 반드시 숙지하도록 한다.

먼저 나이나 지휘가 동등한 경우에는 사용하지 않으며, 여성에게는 호칭을 사용하지 않고, 영성은 상대방이 아무리 지휘가 높아도 남성에게는 사용하지 않도록 주의해야 한다. 특히 왕족, 공직자, 고위관리에도 사용하지 않는다.

● 바른 용어는 고객에게 바로 전달되어 고객만족, 불만족 나타나기 때문에 매우 신중하게 표현되도록 하는 것이 중요하고, 그에 대한 바른 마음가짐도 역시 필요하다. 따라서 고객에게 진심으로 반기는 마음, 고객이 요청하는 방향으로 업무처리, 진심으로 죄송함을 표시 하도록 하여 서비스를 제공하는 고객에게 진지한 느낌이 전달되어야 한다.

● 올바른 호칭에 대한 예절 다양한 상황에서 필요한 부분으로 장소, 상황, 내용에 따라 올바른 호칭은 달라진다.

상황	구분	올바른 호칭	바른 예시
손님응대	내국인	어느 분, 고객 님	어느 분을 찾으십니까?
		저분, 저손님	
		친구 분	
		연세 드신 분	
		아드님, 따님, 손님	
호칭대상자보다 상급자에 대한 상황	외부 고객	회장(께서, 이)	저희 사장께서는 외부 회의에 참석 중입니다.
		사장(께서, 이)	
		부장, 차장, 과장	
		OOO씨	
호칭대상자보다 상급자에 대한 상황	호텔 직원	회장	(사장님 앞에서 상황) 회장님, 총지배인은 고객과 상담중입니다.
		사장	
		총지배인	
		부장, 차장, 과장	
		지배인	
		캡틴	
		OOO씨	

상황	구분	올바른 호칭	바른 예시
직원 간		000 선생님	000 선배님, 제가 잘 모르는 부분이라 알려주시면 감사합니다.
		000 선배님	
		000 씨	

⑨ 대화 예절

고객에게 좋은 호감과 인상을 위해서는 대화 예절의 요령은 필수적이며, 고객의 입장에서 서서 항상 존중하는 마인드와 자세로 임해야 한다. 고객은 항상 본인의 위주로 대화·의견을 이끌어 가는 편이다.

● 호감에 있는 대화 요령은 고객에게 기분 좋게 받아들일 수 있는 언어구사력이 중요하게 작용한다. 대화하기 전에 고객의 성향·성품을 우선 고려하여 경청하고 메모하여 답변하도록 한다.

● 신뢰를 주는 대화 요령은 6하 원칙에 의거하여 사실대로 대화하는 것이 원칙으로 고객에게 존중·예의에 어긋나지 않고, 과장하거나 외국어 및 호텔 전문 용어를 사용하지 않도록 하여 고객에게 무시한다는 뉘앙스만 없으면 된다.

● 상황에 맞는 대화 요령은 호텔 부서별 마다 상황과 장소에 따라 다른 편이다. 주로 호텔의 객실 부서에는 고객요청을 무시하거나 고객 요청한 답변의 신속함이 너무 떨어지거나 고객의 존중·배려가 없다는 상황에서 주로 재치 있는 대화가 필요하다. 특히 ^(고객)8:^(호텔 종사원)2 원칙으로 대화 한다.

● 경어 사용법은 호텔 뿐만 아니라 환대산업의 서비스 산업에서 주로 사용되며, 경어 사용은 지역·환경·상황에 따라 매우 어렵고, 복잡하며, 경어 사용은 보통 정해진 기준으로 고객에게 사용되어야 하며, 상급자, 사회적 지위가 높은 사람, 일반 인간관계에서 구분하여 사용한다.

● 바른 존경어 사용에 대한 기본적인 지식뿐만 아니라 마음자세가 절실하

게 요구되며, 평상시에 바른 존경어를 익혀서 습관화시키고 고객과 상황에 맞는 바른 존경어를 사용한다. 호텔에서는 주로 000선생님, 000씨, 고객님, 00여사, 귀사, 귀하 등의 호칭을 사용한다.

● 바른 겸양어 · 공손어 · 겸양어는 말하는 고객, 즉 말하는 사람의 입장 · 지휘를 낮추고 고객에게 경의를 나타 내는 경우에 사용한다. 호텔의 바른 겸양어 · 공손어로는 우리들, 저희들, 저희, 질문^(여쭙다), 찾아뵙겠습니다. 전화 드리겠습니다, 보고드립니다. 말씀해 주십시오. 등이 있다.

● 바른 음성 효과적인 음성은 목소리는 맑고, 부드럽고, 고객이 알아듣기 쉽게 속도 조절하도록 하는 것이 중요하며, 바른 음성은 바른 자세와 내용 · 상황에 맞는 다양한 음성을 사용하고, 음성에는 활기차고, 생동감 있는 음성을 전달한다. 특히 고객에게 확신을 줄때와 설득하려고 할 때는 "파", "솔"톤으로 음성을 낮추도록 한다. 음성은 주기적으로 관리와 훈련 뿐만 아니라 연습이 필요하다. 바른 음성은 기본자세와 주의사항은 아래와 같다.

기본자세	주의 사항
• 눈은 듣는 사람을 정면으로 향하고 경청하여 고객의 눈을 부드럽게 바라본다.	• 대화 중 눈을 감거나 피하지 않는다. • 너무 정면으로 주시하지 않는다. • 건성으로 바라보지 않는다.
• 몸은 표정을 밝게, 바른 자세로 어깨를 펴고 경청한다.	• 과장된 몸짓은 삼가 한다. • 너무 경직된 모습을 보여주지 않는다. • 팔짱을 끼지 않도록 한다.
• 입은 정확한 발음과 내용이 전달 될 수 있도록 한다. • 고객이 알기 쉬운 용어 선택과 경어를 사용하도록 한다. • 목소리는 맑고, 부드럽게 사용한다.	• 좋지 않는 말버릇은 주의한다. • 혼자만 이야기 하지 않도록 한다. • 상황에 맞는 대화로 이야기 한다. • 장사꾼처럼 대화하지 않도록 한다. • 맞장구를 치면서 경청 한다. • 절대 고객의 말을 끊지 않는다. • 말참견을 하지 않는다.

● 효과적인 화법은 고객과의 접점에서 내용을 잘 전달 할 수 있으며, 고객의 신뢰를 높이는 기본요소로 진실한 내용과 경험 있는 내용, 신뢰할 수

있는 통계 자료를 제시하고, 6하 원칙에 의해 설명하는 화법을 익히도록 한다. 효과적인 화법에서 피해야 할 내용은 첫째, 경쟁 호텔의 단점, 약점, 이미지 등을 비방 하지 않도록 한다. 둘째, 종교나 정치에 관한 화제로 대화 하지 말고, 절대 과장된 표현이나 고객을 가르치는 화법은 하지 않는다. 셋째, 어떠한 경우에도 고객과 언쟁은 안 되며, 자기 주장이나 자기 자랑은 금물이다.

⑩ 악수 예절

Handshake^(악수)는 비즈니스 관계에서 기본적이고, 중요한 수단으로 자리 매김하고 있다. Handshake^(악수)는 인간관계에서 따뜻하고 친밀한 정을 나누는 인사법으로서 사교의 중요한 역할이며, Handshake^(악수)는 내국인뿐만 아니라 외국인의 사교시에 존중 · 존경하는 마음자세로 임하도록 한다.

🧑 자료: 다음

● 악수 순서의 요령은 간단하면서 매우 까다로운 부분으로 악수를 하는 경
  우 인사까지 할 필요는 없지만 우리나라에서는 대개 악수와 인사를 병용
  하기도 하기도 한다. 악수에 대한 예절은 아래와 같은 방법으로 진행하고
  있으므로, 악수하는 방법은 숙지하도록 한다.

구 분	손을 먼저 내미는 사람	나중에 손을 내미는 사람
성별	여성	남성
지위 높낮이	지위가 높은 사람	지위가 낮은 사람
선 · 후배	선배	후배
연장 · 연소	연장자	연소자
기혼 · 미혼	기혼자	미혼자
초청	호스트	호스티스

● 악수 요령 · 예절은 먼저 상대방의 눈을 주시하면서 하는 것이 가장 기
  본적이며, 상대방에게 부드러운 미소와 손의 위치는 허리와 어깨사이에
  서 팔을 올려서 상대방의 손(손의 장력: 기도하는 두 손의 힘)을 잡았다 놓는다. 이
  때 손끝만 잡거나 너무 약하게 또는 너무 세게 잡아서 흔들지 않도록 주
  의한다. 또한 왼손잡이도 악수는 오른손으로 하는 것이 악수 예절이며,
  두 손으로 손을 감싸 안거나 장시간 상대방의 손을 잡는 것도 실례이다.
  특히 외국인과 악수 요령 · 예절에서 주의할 부분은 상대방과 대등한 악
  수가 인사라는 부분을 명심하도록 한다. 그리고 겨울에는 장갑을 끼고 생
  활하기 때문에 악수를 할 때는 상대방의 장갑을 벗는 것이 예절이다. 악
  수하기 전에 상대방의 장갑을 벗는 것을 기다리고, 본인은 상대방 보다
  장갑을 먼저 벗는다.

(4) 고객의 불평·처리 요령

호텔에 방문하는 모든 고객이 만족하고 재이용하는 것이 가장 좋은 마케팅을
추구하고 있지만 불특정 다수가 이용하는 호텔의 객실과 식음료 및 부대시설에

고객 불평은 발생할 수밖에 없으며, 호텔 운영을 함에 있어서 고객의 불평불만은 호텔의 부족한 점과 수정하는 좋은 장점을 알려주는 부분도 있으며, 고객의 불평불만에 대한 적절한 대응과 요령으로 신속·정확하게 처리하는 자세로 임해야 한다.

최초 고객의 불평불만 접수와 신속한 보고를 통하여 고객을 화나게 하는 호텔 종사원이 없도록 해야 하며, 고객에게는 불평불만에 대한 관심과 예의바른 매너와 올바른 사명감을 가지고 업무 처리하도록 한다. 고객의 불평불만 처리요령 전에 호텔 종사원의 바른 업무자세에 대한 부분을 염두 하도록 한다.

- 고객의 불평불만에 대해 정확하게 이해·파악하여 대응하고 있는가?
- 호텔의 매뉴얼에 의한 불평불만 처리를 하고 있는가?
- 고객 불평에 대한 문제점을 본인은 처리할 수 있는가?
- 고객 불평·처리에 대한 내용을 하급사원에게 교육을 실시하여
  재차 발생하지 않도록 교육을 진행 하고 있는가?
- 고객 불평·처리에 대한 내용 및 결과는 부서 책임자에게 보고했는가?
- 고객 불평·처리에 대한 결과는 부서별로 업무 공유하는가?
- 고객 불평 종류에 대한 내용을 분석하여 사전 조치를 실시하고 있는가?

① 고객 불평의 종류는 호텔 시설물, 호텔 종사원의 업무적인 태도, 서비스에 대한 내용, 식음료 음식의 질, 기타 불평 등이다.

- **호텔 시설물**

  객실 내 온도조절장치, 조명장치, 전열기구, 침대의 노후화, 객실키 각종 배관, TV Set, 리모컨 배터리, 승강기, 장애인 주차장 안내 등이다.

- **호텔 종사원**

  고객 응대시 불친절, 무관심에 대한 불평 사례가 가장 많이 접수되는 바 적극적인 고객 응대가 요구된다.

● **고객 서비스**

객실 정비에 대한 청결에 대한 불평, 수하물에 대한 서비스 안내, 고객 요
청에 대한 응대 미흡, 전화 응대 서비스 미흡, 모닝콜에 대한 실수에 대한
불평, 객실요금부당 징수 안내 등이다.

● **식음료 음식의 질**

조식뷔페의 음식을 질에 대한 불평, 비위생적인 음식물 관리, 장시간 고객
대기에 대한 불평 등이다.

● **기타 불평**

영업장의 영업시간 부정확한 안내, 호텔 위치 및 호텔 교통안내에 대한
잘못, 시설물 노후화에 따른 이용불편 등이다.

🛎 자료: 한국관광공사 관광불편신고

② 고객의 불평처리 행동요령에서 우선 신속하게 처리 또는 부서 책임자 보고, 처리 결과가 우선시 되어야 한다는 것을 명심해야 한다. 항상 고객의 입장에서 생각하면 문제 해결에 많은 도움이 된다.

- 첫 번째로 우선 사과와 유감을 표시하여 고객을 안정시키도록 한다.
- 경청하는 자세로 고객 앞에서 불평에 대한 관심과 겸손하게 응대한다.
- 고객을 안정과 여유로운 공간으로 이동하도록 하며, 다른 고객이 없는 곳에서 경청한다.
- 정중하게 질문하고, 예의 바르게 경청하고 메모한다.
- 고객 불평에 대한 문제점을 무시하거나 변명을 하지 않도록 한다.
- 고객 불평에 대한 문제점을 심각하게 인식하고, 해결방안을 찾아 준다.
- 고객의 불평, 고객이 원하는 것을 정확하게 파악하고, 해결 방안을 선택하도록 제시해드리고, 본인이 해결하지 못하는 부분에 대해서는 절대로 고객과 약속하지 않도록 한다.
- 고객의 불평에 대한 문제 해결 방안이 없는 경우에는 신속하게 부서 책임자에게 보고하여 해결 시간에 대한 부분을 점검한다.
- 고객의 불평 처리가 완료된 후에 최소 1회~2회 이상 연락하여 고객에게 감사인 사를 실시한다.
- 고객의 불평에 따라 부서 책임자 또는 총지배인은 편지, 이메일, 전화를 통한 재발방지를 위한 교육 실시와 감사인사를 전한다.

③ 고객의 불평을 미연에 방지하는 요령은 고객과의 관계에서 최초 서비스 접점을 안내하는 고객에게 친밀감 있는 환영인사, 감사 인사와 신속한 서비스 응대, 고객의 요청하는 부분에 대한 내용을 협조적인 자세로 응대하면 혹시 불평·불만이 있더라도 고객은 호텔 종사원에 대한 실수 등에 이해를 하게 된다.

- 고객에게 항상 따뜻한 인사와 친밀감 있는 행동은 항상 좋은 느낌으로 다가온다.

- 먼저 고객에게 인사하고, 인사를 할 경우에는 항상 고객의 이름을 불러주고, 불편한 점, 도움에 대한 내용을 전달한다.
- 고객에게 항상 배려하는 자세와 존중하는 느낌을 전달한다.
- 고객에게 도움과 안내 시에는 항상 가족의 일원으로 생각하고, 관심을 보여주도록 한다.
- 고객에게 항상 미소와 밝은 표정으로 모든 서비스를 제공 한다.
- 고객 요청이 비록 작은 부분이라도 신속하게 처리하거나 도움을 준다.

④ 고객접촉에 대한 기본 원칙은 다양한 행동과 적절한 대응에 따른 기본 원칙을 사전 숙지·교육한 이후에 고객을 접객하는 요령이 필요 하다.

- 고객에게 관심표현은 항상 경청하고, 긍정적인 자세로 고객의 눈을 바라보고 밝은 미소를 지우도록 한다.
- 신속한 서비스 제공은 고객이 요청사항을 메모하고, 가능한 대화는 짧게 하고, 요청사항에 대한 해결방안을 예측하면서 질문에 답한다.
- 고객 존중표현은 고객의 이름과 인사를 항상 먼저 하여, 호텔의 이미지와 본인의 이미지를 높이도록 하여 신뢰감을 주도록 한다.
- 고객 소통표현은 고객의 도움이 필요할 때 긍정적으로 표현하고, 고객을 배려하는 곳에서부터 시작된다.

⑤ 고객접촉에 대한 서비스 대응 방식은 고객의 유형과 분류, 자세, 언어적인 표현 얼굴표정 등으로 적절한 대응 방식을 채택하여 고객에게 불편·긴장을 해소하는 것과 사전불평·불만을 확인하여 고객만족을 올리는 것이 목표이다.

● 고객접촉에 대한 서비스 대응 방식

고객 유형별	서비스 대응 방식	부서 및 내용
트집을 잡는 고객	경청하고 인내심으로 대응	객실부: 계산착오
신경질 내는 고객	고객을 이해하는 심정으로 대응	하우스키핑: 객실 미정비
흥분 하는 고객	조용하게 메모하면서 대응	식음료부: 음식에 이물질
인내심이 부족한 고객	신속한 업무처리 · 행동으로 대응	객실부: 체크인, 체크아웃
표현이 부족한 고객	의사표현이 마칠 때까지 경청	예약부: 예약 문제발생
이성을 잃은 고객	침착하게 대응	전부서: 불친절한 서비스
과민한 고객	침착하게 대응, 책임자에 인계	전부서: 고객요청 미해결
판단을 못하는 고객	고객에게 선택권을 부여	전부서: 중복 할인 선택
실버 고객	부모님을 모시는 서비스로 대응	전부서: 대 고객 서비스
어린이 고객	여유 있는 안내 멘트로 대응	전부서: 대 고객 서비스
외국인 고객	이해하기 쉬운 회화 제공	전부서: 대 고객 서비스
의심이 많은 고객	자세한 내용을 설명하면서 대응	객실부: 중복 할인 요금
질문이 많은 고객	대화중간에 끼어들지 않는 자세	전부서: 대 고객 서비스
수다스러운 고객	예의와 공손한 자세로 대응	전부서: 대 고객 서비스
수치심을 주는 고객	자제심을 가지고 대응	전부서: 대 고객 서비스
말이 없는 고객	인내심을 가지고 대응	전부서: 대 고객 서비스
싼 것을 찾는 고객	호텔 정보에 대한 자세한 설명	식음료부: 싼 할인 선택
인사가 없는 고객	정중한 인사 · 예의로 대응	전부서: 대 고객 서비스

[자료: 논자 재정리]

(5) 기본 접객 영어·일어 표현

호텔에서 주로 사용하는 기본 접객 영어 표현은 외국인 고객에게 더욱 친밀감 있는 서비스를 보여주는 기본 요소로 재방문 고객 유치와 호텔 영업에 중요한 역할을 수행 할 수 있는 업무이다. 외국인 고객에게 친절하고, 정중한 언어 표현은 단어 및 짧은 구절, 고객 불평 · 불만이 발생하는 경우 쉽게 문제 해결을 도와 줄 수 있는데, 도움이 될 수 있다.

[영어 표현]

- Welcome to~~ / 000에 환영합니다.
- Thank you very much. / 정말 감사합니다.
- Excuse me. / 실례합니다.
- Thank you calling me. / 전화 주셔서 감사합니다.
- I am sorry to have kept you waiting. / 기다리게 해서 정말 죄송합니다.
- Just a moment, please. / 잠시 만 기다려 주세요.
- May I help you? / 무엇을 도와 드릴까요?
- May I recommend~~ / 000에 제가 추천해도 될까요?
- May I suggest~~ / 000에 제가 제안해도 될까요?
- Let me help you. / 제가 도와 드리겠습니다.
- I am sorry but~~ / 제가 죄송합니다만 ~~
- I understand~~ / 제가 이해합니다~~
- How would you like~~ / 당신은 어떤 00을 좋아하시는지요?
- May I take this~~ / 제가 00을 가져도 될까요?

[일어 표현]

- もしもし、アリランホテルですか。 / 여보세요. 아리랑 호텔입니까?
- 予約できますか。 / 예약할 수 있습니까?
- お部屋を予約したいんですが。 / 객실을 예약하고 싶습니다만.
- 予約係の李でございます。 / 예약담당 이씨입니다.
- ご用をおっしゃってください。 / 용건을 말씀해 주세요.
- いつからでございますか。 / 언제부터입니까?
- 少 ？お待ちください。 / 잠시만 기다려 주십시오.
- お待たせいたしました。 / 기다리게 해서 죄송합니다.
- 申し?ございません。 / 죄송합니다.
- かしこまりました。 / 알겠습니다.

- ありがとうございました。 / 감사합니다.
- どなたさまですか。 / 누구십니까?
- お名前を?えていただけますか。 / 성함을 가르쳐주실 수 있습니까?
- いらっしゃいませ。 / 어서 오세요.
- スフロントまでご案?します。 / 후론트까지 안내하겠습니다.

Chapter • 07

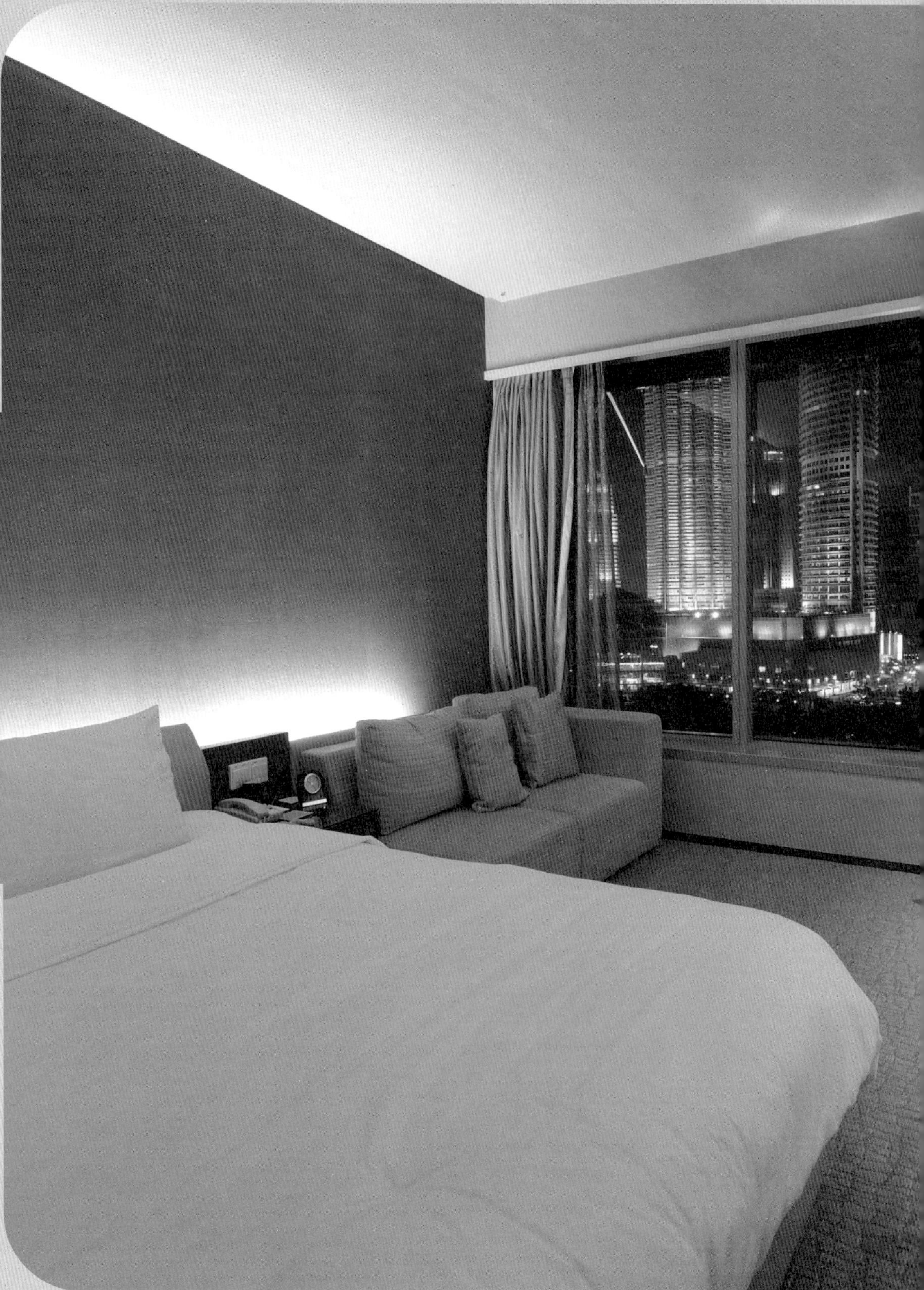

Chapter
07

객실관리
경영계획 업무

Chapter 07

객실관리 경영계획 업무

호텔의 필요시설 유지와 관리를 위해서는 호텔시설 관리에 예산·계획을 수립하여 효율적인 경영을 할 수 있으며, 중장기적인 경영계획과 실행계획으로 지속적인 호텔 경영 수익은 극대화가 가능 하는 것이다. 특히 객실관리는 호텔의 중요한 고정 자산이며, 호텔 자산을 관리, 유지하여 객실관리와 상품을 고급화하는 업무를 수행 한다.

Circus Circus hotel in Las Vagas

1. 객실관리 영업계획 업무

객실관리부서는 시설·기계 관리에 대한 계획을 철저히 세워야 한다. 객실관리에 필요한 인적자원, 시설물자, 호텔비용에 관한 계획수립으로 효과적이고 효율적인 호텔 경영을 진행하도록 한다. 객실관리 영업계획을 수립하기 전에 객실영업부서와 업무 협조를 통한 영업계획과 실행계획을 실시하도록 한다.

① 인적자원 계획

- 객실관리에 필요한 인력과 적정수준으로 유지
- 경영이익을 창출하기 위한 관리
- 고객서비스 실현을 위한 인적자원의 효율화
- 내부 마케팅의 효율적인 운영 및 서비스 질 향상
- 장기 근속직원을 위한 교육 보조 및 실행

② 시설물자 계획

- 소모품 및 비품에 대한 적정 재고 및 효율적인 관리
- 객실 이용률, 실제 사용 율에 대한 구매계획 수립
- 시설물자 절감에 대한 사례교육 및 실행
- 일일 점검, 주별 점검, 월별 점검을 통한 체계적인 재고 관리
- 정기적인 구매활동에 대한 구매단가 확인 및 계획

③ 호텔비용 계획

- 효율적인 객실부서의 수익 및 비용 통제
- 연간 비용계획을 수립 · 조정하는 계획
- 객실부서의 주요 항목은 인건비, 세탁비(직원 유니폼포함), 린넨 및 침구류, 청소장비, 각종 객실 소모품비, 수수료, 영업비용 등으로 월별비용 계획을 기준으로 연간 계획 수립
- 객실부서의 호텔 비용은 관리, 식음료, 수선부서와 협업하여 조정

호텔비용 계획

계 정	내 용	예 산

👤 객실 비품 관리표

The First Inn Hotel

- 객실 번호:
- 담당자:
- 비품 관리 년도:
- 등급: A: 매우우수, B: 우수, C: 수리, D: 교체

항 목	등 급	세 부 내 용
객실 도색	A	
객실 벽지	A	
객실 카펫	A	
매트리스	A	
헤드보드	A	
베드 스프레드	A	
의자	A	
소파	A	
테이블	B	
책상	B	
화장대	B	
램프	B	
램프 커버	B	
TV	C	TV 외형 파손
TV 캐비닛	C	캐비닛 외형 도색 필요
욕실 도색	D	수리
객실 · 욕실 거울	D	수리

2. 객실관리 예산수립 업무

객실관리의 효과적인 예산 수립은 사전 계획 항목의 정보수집 기초과정 단계를 거쳐 항목의 비용·조절을 하게 된다. 정확한 예측을 위해서는 우선순위를 결정하고 비용을 적절히 배정하는 절차 수립이 중요하다.

예산 관리의 절차는 우선 업무를 추진하는 모든 과정에서 예산이 필요한 정보를 도출하는 것이 중요하며, 예산 수립 과정에서 추가되는 항목·배정이 중복되는 경우와 예산 범위 내에서 예산 수립을 한다.

① 단기 · 중장기 예산수립의 기본 원칙
- 단기 · 중장기 단계별로 예산 수립과 편성 계획
- 수입부서 업무는 객실영업부서에서 진행
- 지출부서 업무는 객실관리부서에서 진행
- 예산편성은 영업예측, 경쟁호텔의 동향, 동년대비 예산집행 결과 토대로 진행

예산 수립 기초 과정

필요한 과업 및 활동 ⇨ 우선순위 결정 ⇨ 예산 배정

② 객실관리 연간 예산 편성
- 객실원가의 직접경비는 인건비, 각 종 재료비, 기타 경비 산출
- 직접경비의 수익부문은 단기 · 장기고객, 단체고객, 각종 수수료
- 간접경비는 복지후생비, 상여금, 보험료, 감가상각비, 기타 일반비용

객실관리 직접경비의 지출부문 계정항목

계정 항목	세부 내용
인건비	직원 급여, 파트타임 급여
세탁비	객실 린넨 류, 욕실 타올 류
유니폼비	직원 유니폼 수선 및 세탁
린넨과 침구류	린넨과 침구류 구입
청소소모품	청소기, 청소 세정제
객실소모품	객실 안내 · 홍보물
	객실 내 문서 류
	각종 어메니티
통신 및 우편료	국제전화, 국제우편물 발송
여행사 수수료	객실 판매 지급 수수료
영업활동비	월별 영업활동 관련 비용[개별 통신비, 주유비, 접대]
판촉출장비	지방 및 해외 판촉관련 비용[교통, 식사, 접대]
고객DB관리비	프로모션 우편물, 고객 카드 재발급
잡비 및 기타	객실 미지불 금액 객실내 안전사고로 인한 배상

Chapter • 08

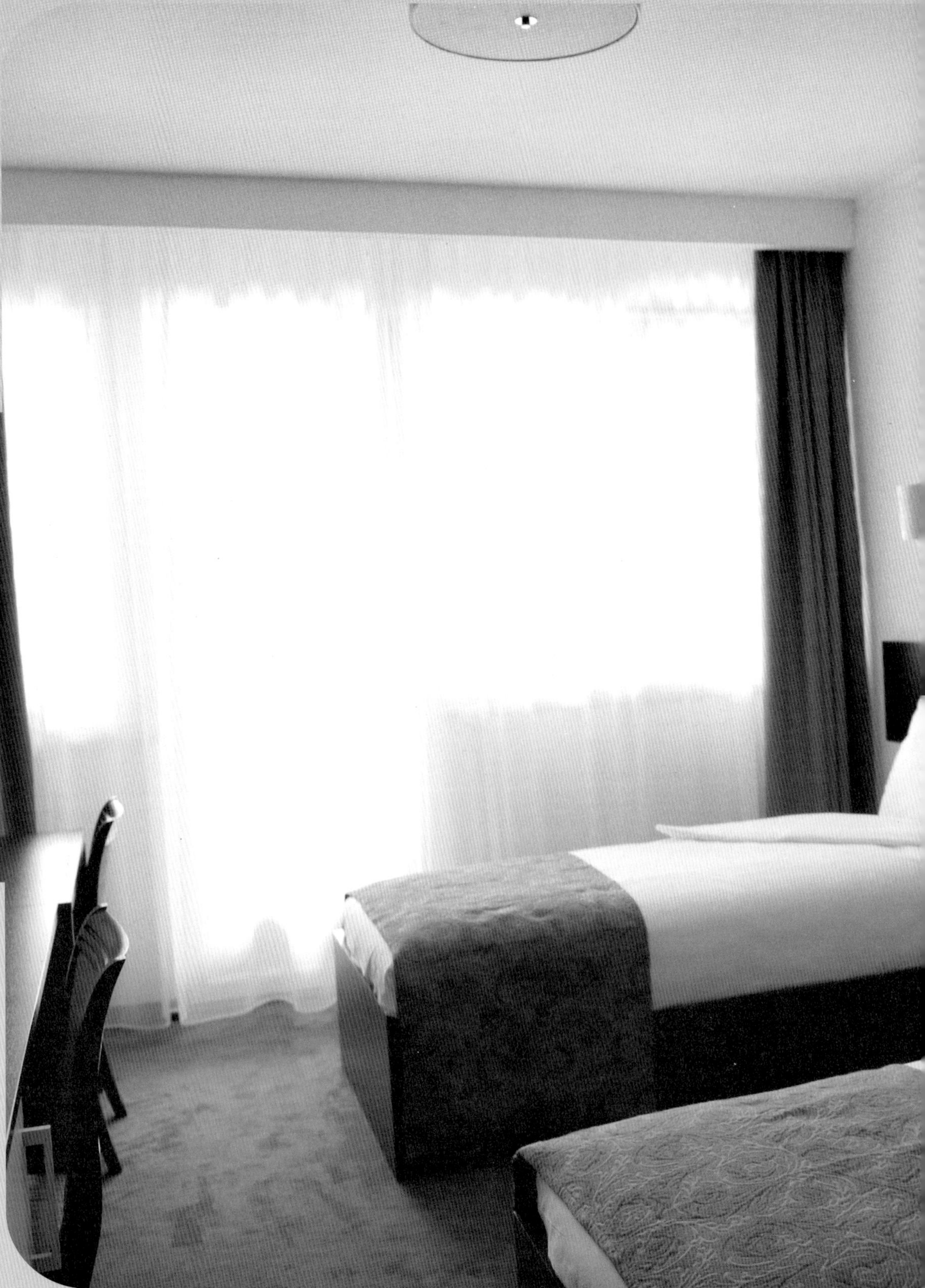

Chapter
08

부록: 숙박약관 및
이용규칙 및 호텔용어

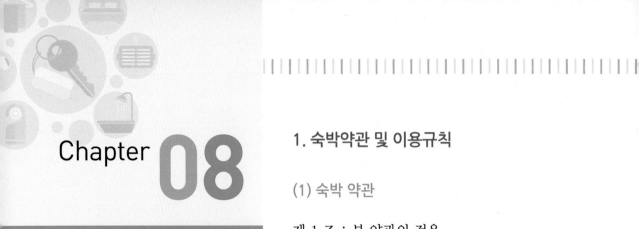

Chapter 08

부록 — 숙박약관 및 이용규칙 및 호텔용어

1. 숙박약관 및 이용규칙

(1) 숙박 약관

제 1 조 : 본 약관의 적용

1. 당 호텔과 체결하는 숙박계약 및 이에 관련하는 계약은 본 약관이 정하는 바에 의하는 것으로 하고, 본 약관에 규정되지 않은 사항에 관하여는 법령 또는 관습에 의하는 것으로 합니다.
2. 당 호텔은 예약에 관련된 신용카드의 처리는 이 규정에 따르되, 그 세부사항은 신용카드사와 호텔 가맹점간의 약관에 따릅니다.
3. 당 호텔은 전항의 규정에 구애됨이 없이 약관의 취지, 법령 또는 관습에 반하지 않는 범위 내에서 규약에 응할 수 있습니다.

제 2 조 : 숙박 거절의 경우

당 호텔은 아래와 같은 경우 숙박을 거절할 수 있습니다.

1. 숙박신청이 이 약관에 의하지 않을 경우
2. 만실로 인해 객실의 여유가 없을 경우
3. 숙박을 원하는 고객이 숙박에 관한 법령 또는 공공질서나 미풍약속에 위배되 는 행위를 할 염려가 있다고 인정될 경우
4. 숙박하고자 하는 고객이 전염병자라고 명백히 인정되는 경우
5. 위험약품 또는 애완용 동물 등을 소지하거나 유입할 수 있다고 인정되는 경우
6. 천재지변으로 인한 시설고장, 기타 불가피한 이

　유로 숙박에 응할 수 없는 경우

7. 대한민국 법령 등이 규정하는 바에 따라 숙박할 수 없다고 인정되는 경우

제 3 조 : 성명 등의 명시

　당 호텔은 숙박예약신청을 받았을 경우 숙박 예약 신청자에 대하여 다음 사항 등의 명시를 요구할 수 있습니다.

1. 숙박자의 성명, 성별, 국적, 직업 및 연락처
2. 기타 당 호텔에서 필요하다고 인정되는 사항

제 4조 : 예약금

1. 당호텔이 숙박예약 신청을 받았을 경우 예약금을 받은 경우에만 예약을 보증합니다. 단, 신용카드를 이용한 경우에는 예약금 지급 여부에 관계없이 예약을 보증합니다.
2. 전항의 예약금은 제5조에서 정한 내용에 해당할 때 위약금에 충당하고 잔액이 있을 시 반환해 드립니다. 단, 예약금없이 신용카드를 이용한 경우 신용카드회사에서 제 5조에서 정한 내용에 해당하는 위약금을 청구합니다.

제 5 조 : 예약해제

1. 당 호텔은 숙박예약 신청자가 숙박 예약의 전부 또는 일부 해제하였을 경우에는 아래 열거에 의하여 위약금(취소수수료)을 받습니다.

　가. 일반숙박 예약자
　　(1) 2일전 해약 : 위약금 없음
　　(2) 1일전 해약 : 최초 1일 숙박요금의 30% 공제 후 환급
　　(3) 당일 18:00 이전 해약 : 최초 1일 숙박요금의 50% 공제 후 환급
　　(4) 당일 18:00 이후 해약 : 최초 1일 숙박요금의 100%공제, 이후 예약 자동 해제
　　(5) No Show 총 요금의 100% 부과

　나. 단체숙박 예약자(10인 이상 / 5실 이상)
　　(1) 2일전 해약 : 위약금 없음
　　(2) 1일전 해약 : 1실당 최초 1일 숙박요금의 30% 적용
　　(3) 당일 18:00 이전 해약 : 1실당 최초1일 숙박요금의 50% 적용

(4) 당일 18:00 이후 해약 : 1실당 최초1일 숙박요금의 70%공제, 이후 예약 자동
해제

(5) No Show 총 요금의 100% 부과

2. 당 호텔에서는 숙박자가 연락 없이 숙박일 당일 오후 6시 (사전에 예정 도착시
간이 명시되어 있는 경우에는 기 시간을 1시간 경과한 시간)가 되어서도 도착
하지 않을 경우에는 숙박예약은 신청서에 의거하여 취소된 것으로 간주, 처리
합니다.

3. 전항의 규정에 의거하여 취소된 것으로 간주되는 경우에 있어서 숙박자 자신의
책임에 의한 것이 아니라고 인정될 시에는 제1항의 위약금을 받지 않습니다.

제 6 조 : 숙박취소의 허용

1. 당 호텔은 따로 정하는 바를 제외하고는 다음의 경우에는 숙박예약을 취소할
수가 있습니다.

　　가. 제2조 제1항에서 7항까지 해당된다고 인정될 경우

　　나. 제4조 1항의 예약금의 지불을 청구하였으나 기한까지 지불하지 않을 경우

제 7 조 : 숙박 등록

숙박자는 숙박 당일 당 호텔 접수계에서 다음 사항을 당 호텔에 등록해 주셔야 합
니다.

1. 숙박자의 성명, 현주소, 국적, 연락처
2. 외국인에 대해서는 여권번호, 입국년월일
3. 내국인에 대해서는 주민등록번호 앞자리
4. 기타 호텔에서 필요하다고 인정되는 사항

제 8 조 : 체크아웃(Check-out) 시간

숙박자가 당 호텔 객실을 비워주는 규정된 시간은 정오(12:00)로 합니다.

1. 오후 1시 ~ 5시까지 시간당 일만원으로 규정
2. 오후 6시를 경과 할 경우 숙박객실 당일 적용요금 100%

제 9 조 : 요금의 지불

1. 요금의 지불은 현금 및 당 호텔에서 인정하는 수표 또는 은행신용카드에 의해 숙박 손님의 체크인시 또는 당 호텔에서 청구했을 시에 프론트데스크에서 지불하여 주시기 바랍니다.
2. 숙박 손님이 객실을 사용하기 시작한 다음 임의로 숙박을 하지 않은 경우에 있어서 도 숙박요금은 받습니다.

제 10 조 : 이용규칙의 준수

1. 당 호텔 숙박자는 당 호텔에서 정한 이용규칙을 준수하여 주시기 바랍니다.

제 11 조 : 숙박계의 거절

1. 당 호텔은 고객의 숙박기간 중이라도 다음과 같은 경우 계속 숙박하는 것을 거절할 수가 있습니다.

   가. 제 2조 2항 ~ 7항까지 해당된다고 간주되는 경우

   나. 이용규칙에 위배되는 경우

제 12 조 : 숙박 책임

1. 당 호텔에서의 숙박에 관한 책임은 숙박자가 당 호텔 프론트 데스크에서 숙박 등록을 끝낸 후부터 숙박자가 출발을 위하여 객실을 비웠을 때 책임이 끝납니다.
2. 숙박자가 당 호텔 안에 제시한 이용규칙을 준수하지 않아 야기된 사고에 대한 책임은 당 호텔에서 지지 않습니다.
3. 당 호텔 책임에 기인되는 이유로서 숙박자에게 객실을 제공할 수 없게 된 경우, 천재 지변 또는 기타의 이유로서 곤란한 경우를 제외하고는 숙박자에게 동일한 또는 유사한 조건에 의한 다른 숙박시설을 알선해 드립니다.

제 13 조 객실열쇠의 반납

1. 숙박객은 퇴실시 객실프론트에 객실키를 반드시 반납하여야 합니다.
2. 분실하였을 경우에는 즉시 프론트로 연락하여야 하며 객실키 제작비용을 지불하여야 합니다.

(2) 이용규칙

호텔의 공공성과 안정성을 확보하기 위하여 당 호텔을 이용하시는 고객 여러분께서는 수박약관을 준수하여 주시고 아울러 숙박약관 제10조에 의거한 하기 규칙을 지켜 주시기 바랍니다. 본 규칙을 위반하실 경우 숙박약관 제11조에 의하여 숙박을 거절당하는 경우가 있습니다.

1. 객실에서는 난방용, 취사용 화기 등 전기용품 사용 및 화재의 원인이 되기 쉬운 장소에서의 흡연을 삼가 주시기 바랍니다.

2. 로비 및 객실 내에서는 다음과 같은 물건을 소지하고 출입을 삼가 주시기 바랍니다.

   가. 동물, 조류(애완용)

   나. 심하게 악취를 풍기는 물건

   다. 화약 및 휘발유 등 발화 또는 인화물질

   라. 법에 의한 소지허가를 받지 않은 총포류 및 도검류

3. 호텔 안에서 도박 또는 풍기를 문란케 하는 행위 또는 다른 손님들에게 폐를 끼치는 언동은 삼가 주시기 바랍니다.

4. 등록하지 않은 방문객을 입실 시키거나 숙박 시키는 행위 및 호텔 내에서 손님들에게 광고물을 배포하는 행위를 삼가 주시기 바랍니다.

5. 예치한 세탁물 또는 분실된 물건의 보관은 별도 요청이 없는 한, 체크아웃한 후 1년간 보관하며, 그 후의 처리는 법에 의하여 취급하게 되어 있습니다.

(3) 부탁의 말씀

1. 계산은 입실 전 회계로부터 계산서의 지시에 따라 객실료를 지불하여 주시고, 투숙기간 중에 발생한 계산서는 퇴실 할때 계산서의 지시에 따라 지불하여 주시기 바랍니다.

2. 영수증은 객실 단위로 준비되며 같은 객실의 손님께서 분할 영수증이 필요한 경우에는 프론트 회계에 미리 연락하시기 바랍니다.

3. 지불 시 이의가 있을 경우에는 프론트 회계에 문의하시기 바랍니다.

4. 잠옷, 실내화 등만으로 객실에서 나오는 일이 없도록 특히 부탁드립니다.

5. 귀중품(현금, 귀금속 등)은 반드시 호텔 안전금고(Safety Deposit Box)에 보관하여 주시고, 보관하지 않은 귀중품의 분실 및 도난 사고는 책임을 지지 않습니다.

6. 호텔 내에서의 위험한 행위나 고의 또는 중대한 과실로 호텔 재산에 손해를 입히는 행위 등은 삼가 주시기 바랍니다. 이러한 행위로 호텔이 손해를 입을 경우 손해배상을 청구할 수 있습니다.

7. 사전 예약 없이 투숙하시는 고객은 등록 시 통용되는 신용카드를 오픈하여 주시거나 통상객실 요금의 1.5배의 통화를 맡겨 주시기 바랍니다.

8. 국민건강진흥법 시행에 따라 공공장소 및 금연 객실 내에서는 흡연을 금하고 있으니 흡연 시에는 지정된 흡연구역을 이용하여 주시기 바랍니다.

9. 안전사고 예방을 위하여 어린이나 노약자는 반드시 보호자가 동반하시어 안전사고가 발생하지 않도록 특별히 주의하여 주시기 바라며, 이에 따른 부주의로 인한 사고에 관해서는 당 호텔은 책임을 지지 않습니다.

(4) 객실용어

A

01 Accommdation : 숙박시설을 말함. Hotel, Motel 등의 전래적 숙박시설로 Traditional, 오두막집, 산간, 방가로, Cabin 등을 Supplementary라 한다.

02 Adjoining Room : Sinde—by—Side Room이라고도 하여 객실과 객실사이에 통용문이 없으며 객실이 같은 방향으로 나란히 있다.

03 Air-Port Hotel : 공항터미날 또는 그 가까운 주변에 위치하고 있는 숙박시설을 총칭한다. 1984년 미국 마이애미 국제공항에서 시작되었다.

04 A la Carte : 일품요리 메뉴중에서 자기가 좋아하는 요리를 주문하는 형식 A la Carte Dinner라든가 A la Carte Lunch등으로 사용한다.

05 American Plan : 「아메리카플랜」호텔숙박요금 형식의 하나로써 객실료에 매일 3식의 요금이 포함되어 있다. 식사는 통사 Table d'hote, Full pension이라고도 한다. Area Code : 전화의 「시외국번」

06 Arrival, Departure and Change Sheet(List) : 모든 고객의 입숙, 출숙 및 객실변경을 기록하는 양식으로 가끔 이 세부를 각각 분리하여 작성한다.

07 Arrival Time : 도착시간. 고객의 도착시간을 구체적으로 기록한다.

08 Available Rooms : 판매가능 객실수. 판매할 수 있는 호텔의 객실수를 말하는 것으로 호텔 총객실수 또는 일정한 날짜에 아직 판매되지 않은 객실을 나타내기도 한다.

09 Average(Daily) Room Rate : 평균 일일객실료. 고객에 의해 지불된(일일) 평균 실료로 이것은 객실 수입을 총판매 객실수로 나누어 계산한다.

B

01 Bed and Board : American plan의 별칭용어

02 Bed Occupancy : 침대판매율. 판매이용가능 총침대수에 대한 판매된 침대수에 관한 비율. Guest Occupancy와 동일어임.

03 Bell Captain : Bell Boy의 조장

04 Bell Man(Boy) : 호텔의 Front 부근에 있어 등록 필한 후 객실까지 숙박객의 짐을 들고 안내하는 역할을 맡은 호텔의 종사원. 미국에서는 Bellhop이라고 한다.

05 Bellstand : 프론트 데스크에서 볼 수 있고 로비에 인접한 곳에 위치한 벨맨의 데스크를 말한다.

06 Bermuda Plan : 호텔요금형식의 하나. 실료에 American Style의 조식대가 포함된다. (Continental Plan과 같음)

07 Beverage : 음료, 항공기 내에서는 First Class의 여객만이 알콜성 음료의 무료서비스 (Free Beverage Service)를 받을 수 있다.

08 Berth Charge : 침대요금

09 Block : 호텔의 객실, 항공기의 좌석 등 일구획을 한꺼번에 예약하는 것을 Block 예약이라고 한다.

10 Blocked : 예약이 되어 있는 관광단체 국제회의 참석자 VIP를 위해 사전에 객실을 지정해 놓는 경우를 말한다.

11 Booking : 예약기록, Ticket의 발매

12 Bucket : 고객원장 보관함. Cashier's Well과 같다.

C

01 Call Book : 벨맨의 방문 및 활동기록

02 Cancellation : 예약취소 CNL

03 Cancellation Charge : 예약취소료

04 Cashier's Well : 고객원장보관함. 고객 원장을 보관하는 파일로 NCR 호텔계산기 옆에 둔다.

05 Chamber Maid : Room Maid. 객실의 청소와 정돈을 맡은 여자 종업원.

06 Change Booth : 화폐교환소

07 Check In : 투숙

08 Check Out : 고객의 출숙(퇴숙)과 회계정리를 포함한 제반절차 즉, 퇴숙을 말한다.

09 Check Out Hour : 고객이 객실을 비워야 하거나 하루의 추가요금이 부과되는 시간 한계. 일반적으로 12:00를 기준으로 삼고 있다.

10 Claim Tag : 화물을 맡겼을 때의 짐표

11 Cod : Cash on Dilivery – 대금교환

12 Commercial Rate : 특정회사에 대하여 계약에 의한 일정한 요금을 할인해 주는 제도. 우리나라에서는 외국인 상사에 대하여 상호 협정에 의해 10~25% 할인하는 경우가 있다.

13 Commission : 수수료

14 Company Made (Reservation) : 회사보증예약. 도착고객의 관련회사가 보증하는 예약이다.

15 Complimentary : Hotel 용어로는 Comp라고 한다. 선전을 위한 목적 등으로 여행사 직원, 신문기자 등에게 무료로 제공하는 객실이다.

16 Concession : 임대인. 호텔시설과 서비스를 임차하는 것으로 대부분 호텔이 임대영업을 하고 있으며, 그 주인을 Concessionaire라고 한다.

17 Concierge : 꽁시에즈. 유럽호텔에서 볼 수 있는 용어로 특히 호텔외부에 관한 정보를 고객의 필요에 따라 제공하는 책임을 가지는 자. 원어는 수위를 뜻하는 불어이다.

18 Confirmed Reservation : 확인예약. 고객의 예약의뢰를 받으면 호텔측에서는 일반적으로 서면으로 응신한다.

19 Connecting Rooms : 복도를 사용하지 않고 직접 내부사용 통용문으로 연결된 객실을 말한다.

20 Connection Room : 객실과 객실사이에 통용문이 있고 서로 열쇠가 없이 드나들 수 있는 연쇄 통용 객실을 말한다.

21 Continental Breakfast : 음료(커피, 홍차, 쥬스, 코코아 또는 우유)와 빵과 Butter 및 쨈만의 식사 Continental Plan : CP. 숙박요금 제도의 하나. 실료에 조식이 포함된다.

D

01 Daily Rooms Report : 객실현황 일일보고서. Room Count Sheet와 동일어임.

02 Day Excursion : 당일 돌아오는 여행 (Day Trip)

03 Day Rate : 주간에 객실을 이용하는 고객에 대한 요금으로서 주간에 Check-In 하여 객실 재판매시에 Check Out하는 것이다. 이 경우 요금은 일반적으로 일박 요금의 반 정도이다.

04 Demi-Pension : 숙박요금제도의 하나. 실료에 조식, 점심, 석식 중 2식을 포함하는 제도

05 Density Board(Chart) : 객실별 예약 밀도 도표. 예약객실수를 객실 유형별로 즉 싱글, 트윈, 퀸 등으로 나누어 일변하기 쉽게 통제하는 도표를 말한다.

06 Deposit Reservation : 선불예약, 객실예약을 위해 고객이 지불하는 선불금. Advance Deposit라고도 한다.

07 Door Man : 호텔 등에서 도착하는 자동차의 Door를 열고 닫아주는 종사원. 건강한 신체조건, 미소를 잃지 않는 것이 중요하다.

08 Doule Bed(ed) Room : 반드시 침대가 1대만 있는 Room을 의미하는 것이 아니고 Twin bed Room도 포함되어 있는 것이 있으므로 주의할 필요가 있다.

09 Down Grading : 싼 객실에 투숙시킨 경우

10 Duty-Free Shop : 면세물품 판매점

E

01 Early Arrival Occupancy : 조기도착으로 Checkout시간 전에 입실이 가능하도록 객실을 확보하는 것을 말한다.

02 Emergency Exit : 비상구

03 Eurotel : Europe Hotel의 약어로서 분양식 리조트맨숀의 수탁 Chain경영이다. 현재 구주 8개국에 걸쳐 이를 운영하고 있는 Eurotel International Hotel사에 의해 제창된 것이다.

04 EAT(Estimated Time to Arrival) : 도착예정시간

05 ETD(Estimated Time to Departure) : 출발예정시간

F

01 Family Plan : 반드시 부모와 같은 객실을 사용할 때에 14세 미만의 어린이에게 적용. 침대는 Extra-Bed를 넣어주고 요금은 징수하지 않는다.

02 Fare : 일반적으로 철도, 항공의 운임.

03 First Class Hotel : 일류호텔. 호텔의 등급을 매기고 있는 나라에서는 시설기준을 정하고 있으며 일반적으로는 다시 그 상급으로서 Delux Class의 호텔이 있다.

04 Flag : 룸랙 표지. 룸랙 외 특별한 객실에 대하여 룸 클락의 주의를 환기시키기 위한 장치이다.

05 Flat Rate : 균일 요금 단체가 호텔에 숙박하는 경우 요금이 다른 객실을 사용하는 일도 있지만 그것을 균일화한 특별요금이다.

06 Floor Clerk : 각 층에서 Front-Clerk의 제임무와 직능을 함께 수행하는 직원을 말한다.

07 Flow Up : 재확인하다. 여행 후의 서비스

08 Footman : 오직 대규모 호텔에서만 볼 수 있는 직종으로 호텔에 도착, 출발하는 고객에게 좋은 인상을 주기위해 마련된 서비스의 발전된 형태. 보통 DoorMan이나 bellBoy가 이 직무를 수행. 객실지정, key, 우편물 취급, 고객의 불화 해소, 안내 모든 요금의 계산, CheckOut처리, 주임이나 현관지배인 객실 과장의 지시, 감독을 받는다.

09 Forecast : 영업예상. 영업예상량에 관한 단 · 중 · 장기 계획. Projection과 동일어임.

10 Front Office : 광의의 용어로 외관의 프론트 데스크와 함께 객실의 판매와 서비스를 내포한 직무와 직능을 수행한다.

11 Front Office Cashier : 고객의 계산과 실료의 지급을 맡고 귀중품 보관, 수입금의 모든 계산을 담당. 우리나라에서는 환전업무도 같이 취급하고 있다.

12 Front Office Manager : 우리나라에서는 보통 객실과장이 이 업무를 맡음. 현관스텝들의 업무지도, 감독, 통솔을 한다.

13 Free Ticket : 무료 Ticket

14 Free Port : 자유항. 싱가폴이나 홍콩과 같이 선박에 의해서 수입되는 화물에 세금이 부과되지 않는 항구를 말한다.

15 French Style Service : 손님 앞에 직접 요리하여 Serve 하는 형태

16 Full House : 전객실 판매. 모든 객실이 다 판매되어 100% 판매율을 의미한다.

17 Full Pension : American Plan과 동일한 유럽식 용어이다.

18 Full Service : 풀서비스. 호텔, 모텔의 제한적 서비스와 대조적으로 각 부서의 모든 기능과 안전 서비스가 제공된다.

G

01 Gate Pass : 탑승권

02 General Manager : 총지배인. 최고 경영진에서 결정한 기본 정책의 수행 총책임자, 객실지배인과 식당지배인을 지휘, 감독하며 기타 부분을 총괄한다.

03 Gift Shop : 토산품판매소

04 Go-show : 공석을 기다리는 여객 Stand–By Passenger

05 Grandmaster : 하나의 열쇠로서 모든 객실을 다 열수 있으나, 안에서 잠그어 놓은 것은 예외이다.

06 Graveyard : 제3번째 근무교대. 심야에 근무하는 종사원의 교대

07 Ground Arrangements : 지상수배 여행업자 등이 행하는 여행수배 행위 중에서 육상의 호텔, 교통기관등의 수배를 한다.

08 Group : 단체. 호텔이 예약 및 계산서 청구시 일행으로 취급하는 사람들의 무리 단체이다.

09 Guaranteed Payment : G.T.D 보통 6시이후에 오는 고객으로 객실을 사용하든지 안하든지 요금을 지불하겠다고 약속받은 객실을 말한다.

10 Guest Elevators : 이것은 프론트 엘리베이터라고 하며 고객을 동반, 객실을 왕래하는 벨맨을 제외한 일반 종사원의 출입이 금지된 고객전용 엘리베이터이다.

11 Guest History(Card) : 고객의 방문기록 카드로 지정된 객실, 실료 특별한 요구사항 및 신용 능력 평가를 기록하여 보다 나은 대고객 서비스를 위해 보관한다.

12 Guest House : 하숙

13 Guide Rate : 여행단체를 받아들이는 호텔측과 여행알선업자 사이에 적용되는 특별 요금제도를 말한다.

H

01 Half Pension : 원명 Demi Pension(D.P.)으로 M.A.P.와 유사한 것으로 객실과 조식요금에 중식 또는 석식을 선택하게 하는 요금 계산방법이다.

02 Hall Porter : 호텔 출입문에서 손님의 화물을 도와주는 종사원. Bell Boy와의 구별은 거의 없다.

03 High Season : 관광객이 많이 방문하는 계절. Peak Season, Tourist 껴노 Season이라고도 한다.

04 Hitch Hike : 도보 여행자가 지나가는 자동차에 때때로 편승을 하면서 하는 여행

05 Hold Room Charge : 사용물을 객실에 놓아둔 채 단기간 지방 여행에 갔다오는 경우 또는 실제 고객이 도착되지 않고 객실을 고객의 성명으로 보류하여둔 경우에 적용되는 추가요금을 말한다.

06 Host : 주최자

07 Hostel : 도보여행자나 자동차 여행자를 위한 값이 싼 숙박시설

08 Hospitality Room : 총지배인, 현관지배인의 허락하에 관광단체의 수화물을 임시 보관한다든가 의상을 잠시 갈아입는 등의 특수한 사정으로 무료로 사용하는 객실을 말한다.

09 Hospitality Suite : 무료로 제공되는 호텔의 방

10 Hotel Charter : (호텔헌장) 호텔경영의 기본적인 사항에 대해서 국제적인 통일기준을 만들려고 하는 움직임인데 그 기준을 말한다.

11 Hotel Pay : 요금계산 기준시간이며 우리나라는 새벽 4:00부터 다음날 Check-Out Time까지이다.

12 Hotel Porter : 호텔에서 손님의 짐을 운반하는 일을 하는 종사원

13 Hotel Representative : 호텔의 소재지 이외의 지점에서 호텔의 예약접수 등 호텔을 대신해서 일을 행하는 자 :호텔랩프"라고 업계에서는 말한다.

14 House Emergency Key : 하나의 열쇠로 모든 객실은 물로 안에서 잠그어 둔 객실까지 열수 있는 키로 흔히 이것을 가리켜 Great Granamaster Key라고 부르기도 한다.

15 House Call : 공무로 회사직원이 외부로 사용하는 전화로 요금이 부과되지 않는다.

16 House Count : 등록된 고객의 인원수

17 Housekeeper's : 하우스키퍼의 보고서. 하우스키핑에서 작성되는 객실상태에 관한 보고서이다. 룸랙의 정확성을 확인하기 위하여 프론트 오피스에서 사용하기도 한다.

18 House Man : 여자가 감당하기 힘든 일 들. 예컨대 집기의 손질, 운반, 청소, 유리, 도어의 수선 등 건물 전체의 손질을 보는 업무이다.

19 House Profit : 호텔의 순이익. 소득세를 공제한 영업부문의 순이익. 점포임대 수입은 제외되나 세금, 임금대료, 지급이자, 보험 및 감가상각비는 공제된다.

20 House Use Room : 부득이한 사정으로 업무상 호텔 종사원이 사용하는 객실

21 Hubbart Room Rate Formula : 휴버트 객실료 산정 공식. Roy Hubbart에 의해 연구되었고 미국 호텔 및 모텔협회(America Hotel and Motel Association)에 의해 전파된 객실료 산정기준을 말한다

I

01 **Indifinite Departure Date** : 보통 약자로 IND라고 표기하여 고객의 Check-Out 날짜를 정확히 알 수 없을 때 사용한다.

02 **Information Clerk** : 여행, 관광자원, 명소, 도시 등에 관해 소상하고도 정확한 정보 및 공항, 열차 등의 교통수단에 관한 정확한 지식을 갖고 고객의 질의요청에 대해 즉시 응답해 주는 일을 전담하는 직종이다.

03 **Inn** : 초기적 현상의 숙박시설. 간결하고 소박한 시설 비교적 작은 호텔을 말하여 왔지만 최근 미국에서 Inn의 명칭을 사용하는 호텔이 상당히 많이 설립되어 호텔과 다름없이 훌륭한 것이 많다.

04 **International Date Line** : 국제일부변경선

05 **In-Bound** : 업계에서 인바운드라고 하는 뜻은 외국인의 국내여행 알선을 의미함. 국내로 들어오는 외국관광객 반대로 내국인의 해외여행을 맡아보는 일은 Out-Bound 라고 하고 있다.

06 **Incentive Tour** : 포상여행

07 **Inside Call** : 전화교환을 통한 호텔내 전화사용

K

01 **Key Rack** : 각 객실의 열쇠를 넣어주는 상자

02 **Key Clerk** : 열쇠의 인도, 보관을 전담. 대규모 호텔에서 볼 수 있는 분업 형태의 한 직종이다.

03 **Kich Back** : 대금 일부 반환

L

01 **Land Arrangements** : 여행자가 외국의 여행목적지에 도착해서 그 나라를 떠날 때까지의 사이에 Tour Operator에 의해서 제공되는 모든 Service를 의미한다.

02 **Last** : 방금 Front 직무를 끝낸 벨맨의 호칭

03 **Late Arrival** : 늦게 도착하는 고객. 예약을 한 고객이 예약 유보 시간(Out-Off Hour 일반적으로 오후 6시)을 지나서 호텔에 도착하는 것으로 이때 미리 호텔에 통고하여야 하며 그렇지 않은 경우는 자동적으로 예약이 취소되 는 경우가 많다.

04 Late Check Out : 프론트 데스크의 허가로 출숙시간이 지나서 출발하는 고객으로 이 경우 추가요금은 부과되지 않는다.

05 Lift : 승강기(Elevator)

06 Light Baggage : 고객이 휴대하는 소형가방으로 질, 양면에서 고객을 신용하기에 불충분하다고 인정되므로 이때 Front Clerk은 요금을 선불받는다.

07 Limited Service : 제한된 서비스만 공여하는 호텔 또는 모텔로 객실을 제외한 다른 서비스는 제공되지 않는다. Budget Hotel 또는 모텔이 여기에 속한다.

08 Line Room : 호텔의 포제품을 넣고 있는 방

09 Line Number : Flight Number와 같음

10 Log : 업무일지. 몇몇 영업부문에서 사용하는 업무활동 기록대장.

11 Logis : 빵송과 큰 차이는 없으나 그 명칭이 풍기듯 독특하고 아름다운 이미지를 갖는 전형적인 프랑스의 시골 숙박시설이다.

12 L/T : Litter Tlegram의 약어로 서신전보를 말함.

M

01 Mail and key Rack : 우편 및 열쇠락 · 열쇠 및 우편물을 보관하기 위하여 객실 번호순으로 제작한 프론트 오피스의 한 비품이다.

02 Mail Clerk : 우편물을 고객에게 전해주고 내착손님의 우편물을 보관 또는 운송의 업무를 말한다.

03 Market : 관광여행업계에서 통상 Tourist Producing Country(or Area)를 말하며, 여행자 시장이라고 한다.

04 Master Key : 마스터키. 한 개의 열쇠로 몇 개의 Pass Key를 통제, 한 플로어에 있어 모든 객실을 열 수 있는 키이다. 일명 플로어키라고 부른다.

05 Meeting Service : 여행업의 종사원 또는 안내원 등의 여객의 요청에 의하여 공항, 역등에 출영하는 Service를 말한다.

06 Messenger Boy : 고객의 체재기간 중 Check-Out하는 경우 전화, 편지 이외에 직접 인편에 의해 의사를 전달하는 경우에 대비한 심부름꾼이다.

07 Midnight Charge : 고객이 당일 한밤중이나 이튿날 새벽에 도착한 경우 그 전날부터 고객을 위해 객실을 마련해 둔 데 대한 요금을 말한다.

08 Minor Department : Valet, 세탁 및 전화와 같은 소규모 영업 부문(개실 및 식음료는 제외됨)이다.

09 Modified American Plan(M.A.P) : 객실료에 조식과 석식을 포함해서 징수하는 요금 계산이다.

10 Morning Call : 호텔에 숙박한 고객이 다음날 아침 시간을 정하여 전화로 깨워주기를 부탁하는 것을 말한다.

11 Motel : Motorist's Hotel의 준말

12 Motorist : 자동차여행자

N

01 NCR 42 : NCR 42호기, National Cash Register 회사에 의해서 제작된 호텔계산기(금전등록기와 비슷)로 프론트 Cashier가 사용하며 이 기계로 호텔고객의 제반요금을 전기 및 누적 계산하여 총출시 그 절차를 간편하게 한다.

02 Night Audit : 야간회계감사. 야간 근무중 수취계정금(Accounts Receivable)을 마감하여 잔액의 일치를 검사하는 야간회계감사 업무를 말한다.

03 Night Audior : 야간회계감사자. 야간회계감사업무를 책임지는 자이다.

04 No Show : 예약을 해놓고 연락없이 나타나지 않는 고객

O

01 Occupancy, Percentage of : 판매점유율. 판매된 객실수와 판매 가능 객실수와 의 관련 비율을 말한다.

02 Occupancy Rate : 호텔 객실 이용율, 항공기의 좌석 이용율

03 On Change : 객실 정돈중이라는 표시

04 One Way Fare : 편도운임

05 On Season Fare : 성수기의 운임. 이것이 보통운임, 객실료이다. 이에 반하여 Season Off Rated Fare는 일종의 할인제도이다.

06 Operating Departments : 영업부서. 고객의 서비스와 직접 관련되는 부서, 인 사부, 경리부는 관리부서이다.

07 Optional Tour : 임의 관광으로써 미리 정하지 않고 필요에 따라 선택하는 관광. Organixed Tour의 반대

08 Optional Rate : 미결정 요금. 객실 예약상 정확한 요금을 결정지을 수 없을 때 적용되는 요금제도. Opt의 약자를 사용한다.

09 Out Bound : 국내인의 외국여행 알선을 의미. 국외로 나가는 국내 관광객

10 Organixed Tour : 여행자가 아니고 제3자 즉 여행사, 기타 단체가 기획, 조직하는 여행으로서 통상 단체여행을 말한다.

11 Outside Call : 호텔 외부로부터 전화교환에 들어오는 전화

12 Outside Room : 거리의 정원, 호수 등 전면에 장애물 없이 전망이 트인 객실을 말한다.

13 Out of Order : 고장중. 사용불능인 객실

14 Over Booking : 초과예약. 호텔예약은 이미 대금이 수납된 매매의 최종 행위가 아니고 일종의 주문이므로 어떤 예상할 수 없는 사고가 항시 뒤따른다. 즉시 간적으로 도저히 재판매가 불가능한 시간에 예약이 취소되는 경우나, 이에 나타나지 않은 경우에 대비하여 일종의 필요악으로 초과 예약의 모험이 불가피하다. 최소 5% 정도의 초과예약이 객실판매의 최극대화를 위해 불가피 하다는 것이 통설이다.

15 Over Charge : (Late Departure Charge)각 호텔마다 상이하지만 대개 Check Out Time을 기준으로 하여 2시간 이내는 무료 그 이후부터는 6시까지는 Over–Charge로서 Half–Day Charge(반값)을 적용하는 예가 많다.

16 Overstay : 체류연장. 예상 체류기간을 초과 더 머무르는 고객.

P

01 Page Boy : 호텔의 고객이나 외부의 단골손님의 요청에 의해 필요한 고객을 찾아주고 메시지를 전달하는 등의 심부름을 페이징이라 하며 이에 종사하는 직종. Bell Boy, Messenger Boy가 담당하는 경우가 많다.

02 Pass Key : Master Key라고도 하며 Housekeeper, Room–Maid, 지배인이 각각 1개씩 갖고 있음. 어느 방이고 다 열 수 있도록 되어 있다.

03 Parlour : Studio와 비슷하며 리빙 룸이라고 하는데 Suite에 달려 있다.

04 Part Day Charge : 분할 요금이라 하여 온천지구 호텔에서 목욕하기 위한 2~3시간 사용고객에게 적용되는 요금. 2~3시간의 경우 보통 객실요금의 1/3을 적용한다.

05 Pension : 유럽에서 발전된 전형적인 하숙식 여인숙, 소규모의 객실. 접대도 극히 제한된 서비스만 제공, 저렴한 숙박비, Demipension 이란 1박 2식의 요금제도를 지칭할 때 쓴다.

06 Permanent(Guest) : 장기 체류객, 체재기간이 긴 고객으로 임대조건으로 체류할 수도 있다.

07 Phone Cab : 전화로 부르는 택시

08 Pick Up Service : 예약고객의 요청에 의하여 공항 터미널에서 영접하여 호텔에 체크인 시키는 서비스를 말한다. 체크 아웃인 때도 이 서비스는 가능하다.

09 Preregistration : 사전등록. 고객이 도착하기전 호텔이 등록카드를 사전 작성하는 절차로 그룹이나 관광단체가 도착하여 프론트 데스크에 혼잡을 피해 등록을 마칠 수 있도록 하기 위해 사용되어지는 것이다.

R

01 Rack : 랙. Room Rack과 동일어임. 랙이라고 하면 보통 룸랙을 의미한다.

02 Record Clerk : 보통 Room Clerk이 기능을 같이 수행. 취급업무량이 방대한 hotel에서 볼 수 있다. 모든 필요한 기록의 유지

03 Referral : 호텔의 독자적 예약제도. 체인 및 제휴 호텔의 예약 장점에 반하여 호텔자체에서 독릿적으로 개발한 예약제도이다.

04 Repeat Travler : 되풀이하여 방문하는 여객

05 Reservation Clerk : 보통 2명의 예약담당이 Day Shift로 예약 업무를 취급한다.

06 Reservation Rack : 대규모 Hotel. 객실이 판매된 경우, 표를 이곳에서 Room Rack에 옮겨 두는 것이다.

07 Registration Card : 호텔 고개의 숙박절차로서 소정의 카드에 필요한 사항을 기제한다. 대개 호텔의 이름, 주소, 카드, Number, 고객의 성명, 주소, 객실 번호, 요금, 도착시간, 출발예정시간, 취급계원의 성명 등이 기재됨.

08 Residential Hotel : 미국에서 발전을 보인 형태로 장기체재 숙박객 객실수입을 위주로 함.

09 Resort Hotel : 휴양지 호텔. 휴양을 위한 장기 체재의 고객. 주로 해안, 산악, 온천지, 피서지, 피안지에 위치하고 있다.

10 Rollaway Bed : 한 객실에 Twin Bed나 Double Bed가 있는데 3인이 숙박코자 할 때 이 침대를 더 넣어주고 Triple Rate를 적용한다.

11 Room Clerk : 객실의 예약, 판매, 객실준비담당. 현관 실무진에서 가장 중요한 위치

12 Room Rack : 고객의 카드를 각 층별로 객실번호 순서에 따라 정리하여 넣어두는 상자

13 Room Service : 호텔 객실에 손님의 요청으로 음료, 식사등을 보내주는 담당계 또는 '호텔의 객실에서 하는 식사'를 말한다.

14 Round Trip : 왕복여행(출발지, 목적지가 같고 왕복의 운임이 공히 동일한 여행)

S

01 Safe Deposit Box : 귀중품보관함. 금고의 각 칸에는 고객의 귀중품을 안전하게 보관 하며 수납원은 하우스 뱅크로 이용한다.

02 Sale Rack : 고객이 숙박카드나 숙박부에 필요 사항을 기재하여 투숙하는 절차상의 행위이다.

03 Sea Port Hotel : 항구에 위치해서 발달한 Hotel. 일명 부두 Hotel.

04 Season Off Rate : 비수기의 불경기를 막기 위하여 공표요금을 할인 해주는 경우

05 Single Rate : 할인 요금의 일종으로 예약은 Single로 되어 있으나 당일 Single Room이 없는 관계로 Double Bed Room Twin을 제공하여 주고 객실 요금은 Single 요금을 받는 것을 말한다.

06 Shut-Out Key : 보석이나 귀금속을 다루는 고객의 필요에 의해 고객이 부재시 어떠 한 종사원도 개방, 출입할 수 없도록 고안된 장치이다.

07 Skipper : 정당한 퇴숙절차를 이행하지 않고 떠나는 손님

08 Sleeper : 사무착오로 인하여 Room Rack에 투숙중으로 되어 있는 빈 방을 말한다.

09 Sleep out : 외박고객, 객실료를 지불했으나 등록한 객실에서 숙박하지 않고 외부에 서 숙박한 고객을 말한다.

10 Stay : 체류. 1박 이상을 체류한 모든 고객

11 Stayover : 체류연장. 예상출숙고객이 예상체류일을 초과하는 경우

12 Stock Card : 스톡카드. 룸랙 포켙에 두꺼운 유색카드로 명명된 부호로 나타나 있음

13 Studio : 낮에는 응접용 Sofa로 대용하고 밤에는 침대로 만들어 사용하는 특수 침대.

14 Studio Single : 호텔 객실의 종류도 1인용의 Sofa Bed 뿐인 객실

15 Studio Twin : 2인용의 Bed와 Sofa Bed가 있어 낮에는 넓게 방을 사용할 수 있다.

16 Supplemental Accommodation : 보조적 숙박시설.

17 Swing : 제2번째 근무교대. 주로 오후 3~4시 사이에 근무에 임한다.

T

01 Table D'hote : 정식

02 Tax Free : 면세

03 Technical Visit : 시찰여행, 업무여행

04 TG : Tour Guide를 말함.

05 Third Person Rate : 2인이상 투숙할 경우 별도로 객실 요금을 조정 적용하는 경우를 말한다.

06 Tip : To insure Promtness

07 Travel Plant : 여행시설, 관광시설

08 Travel Agent(T.A) : 호텔 및 항공기를 이용하는 고객에게 좌석, 객실 및 시설을 예약해 주고 코미션(수수료)를 받는 여행대외업자. 호텔은 보통 객실료의 10% 수수료를 지급한다.

09 Turn Away : Walk-In 고객거절. 객실이 매진되어 Walk-In 고객을 거절하는 것이다.

10 Turn Down Service : 룸메이드가 투숙중인 고객의 취침전에 마지막 Maid 서비스를 해줌을 말한다.

U

01 Uprading : 고객을 예약한 등급의 객실보다 비산 객실에 투숙시킨 경우

V

01 Vacancy : 공실. Full house 가 아닌 상태로 판매가능객실이 아직 남아 있음을 의미한다.

02 Vaccination : 예방접종. 특히 종두를 의미하는 경우가 많다.

03 Vaccination Cerifficate : 예방접종증명서. 국제여행에 필요한 서류의 하나이다.

04 VIP : Very Important Person의 약어로 특별히 중요하게 취급하지 않으면 안되는 사람

05 Villa : 별장, 별장식의 집

06 VISA : 사증

W

01 Walks-ing : 예약없이 들어오는 고객

02 Waiting List : 이미 예약이 만원이 되어 있는 좌석 또는 호텔 객실의 취소를 기다리고 있는 사람의 명부

03 Waybill : 화물운송중

X

01 XO : Exchange Order의 약자

Y

01 Y : Economy Class

02 Yeller Card : 예방접종증명서

03 Youth Hostel : 대중관광의 일환으로 발전한 청년여행과 직결되어 성장을 보여주고 있는 젊은이들을 위한 숙사를 말한다.

2. 숙박업 기본서비스

(1) 현장 서비스 교육

1) 신뢰성(약속)

약속한 서비스를 어김없이 정확하게 수행할 수 있는 능력을 의미한다. 신뢰할만한 서비스 수행은 고객에 대해서 적시에 동일 방법으로 매번 실수 없이 제공할 수 있는 능력을 말한다.

2) 대응성(시간)

고객을 돕고 신속한 서비스를 제공하겠다는 의지를 의미한다. 뚜렷한 이유도 없이 고객을 기다리게 한다는 것은 품질에 대하여 불필요한 부정적 인식을 자아 내게 한다 .만일 서비스 실패가 발생하게 되면 전문가적인 입장에서 신속하게 복구 할 수 있는 능력이 품질에 대해 매우 긍정적인 인식을 심어준다.

3) 확신성(태도)

믿음과 확신을 주는 직원의 능력뿐만 아니라 그들의 지식과 예의바른 근무자세를 의미한다. 확신성 주요 특징은 서비스 수행능력, 고객에 대한 정중함과 존경, 고객과의 효과적 의사소통, 서비스 제공자가 진심으로 고객에게 최선의 관심을 쏟는 것을 포함한다.

4) 공감성(배려)

고객에 대한 배려와 개별적인 관심을 보일 준비자세를 의미한다. 공감성은 고객의 요구를 이해하기 위해서 고객의 입장으로 생각할수 있는 능력, 사소한 것에도 소홀하지 않는 민감성, 성실한 노력을 특징으로 포함한다.

5) 유연성(시설,분위기)

물적시설, 장비, 인력확보등 물리적 환경의 상태는 서비스 제공자의 세심한 관심과 배려를 나타내는 유형적인 증거이다. 관심과 배려에는 서비스 제공시 다른 고객의 행동까지도 포함될 수 있다.

(2) 영접 서비스

1) 환영인사

고객과 눈을 마주치며 정중하고 상냥하게 인사말을 한다.

*안녕하십니까? 000입니다. / 어서오십시오. 000입니다.

2) 안내

a. 예약유무를 확인한다.

　* 혹시 예약은 하셨습니까?

b. 고객님의 예약정보를 확인해두고 가급적 호칭하며 응대

c. 고객의 좌측 2-3보 앞에서 안내

　* 제가 안내해 드리겠습니다. 제가 좌석까지 모시겠습니다.

　* 이쪽으로 저쪽으로 또는 토스 안내는 하지 않는다.

d. 좌석에 대한 만족도를 확인한다.

3) 착석

a. 특별히 주빈이나 게스트가 없는 경우 노약자, 여성, 어린이 순으로

b. 고객이 완전히 앉을 때까지 착석을 돕는다.

c. 코트나 자켓의 경우 걸어 드릴 것을 여쭤보고 잘 걸어 드리도록 한다.

Role – Playing (역할연기) 실시

A: 고객

B: 직원

(3) 전화 응대 서비스

1) 벨이 울릴 때

벨이 울리면 즉시 받고, 세 번 이상 벨은 고객에게 실례

세 번 이상 벨을 받지 못했을 때는 '고객에게 먼저 죄송 합니다'멘트로 진행

2) 통화할 때

수화기를 들고 회사명, 소속, 성명을 고객에게 알림

경청하면서 메모와 복명복창으로 통화

명확한 답변은 필수, 애매한 답변은 하지 않음

3) 전화 응대의 말씨

정중한 말씨와 전문용어는 가능한 사용하지 않음

호텔 이용 금액에 대한 부분은 명확하게 전달

4) 전화를 끊을 때

a. 밝고 명랑한 톤으로 인사

b. 고객이 먼저 수화기를 놓은지 확인후에 수화기 재위치

Role – Playing (역할연기) 실시

A: 고객

B: 직원

(4) 식사서비스

1) 첫인사 (서비스의 책임감과 고객의 믿음)

    a. 미소(아이컨텍)

    b. 접객용어

2) 음료 및 식사 주문 (판매의지)

    a. 타이밍,상황별 판매스킬

    b. 능동적 판매

    c. 상품지식

    d. 메뉴판의 청결

    e. 접객용어

3) 음료 및 식사제공

    a. 상품안내 서비스

    b. 추가판매 (밀착서비스)

    c. 요구사항 및 컴플레인 해결 (밀착서비스)

    d. after서비스(밀착서비스)

    e. 상황별 접객용어

Role – Playing (역할연기) 실시

A: 고객

B: 직원

(5) 상황별 인사말

	상황	인사말	인사종류
1	고객이 오셨을 때	안녕하십니까? OOO입니다	30도,45도
2	용건을 말씀하셨을 때	네.잘알겠습니다.	15도
3	고객의 용건을 처리할 때	잠시만기다려 주시겠습니까?	15도
4	고객의 용건을 처리됐을때	기다려 주셔서 감사합니다.	15도
5	고객에게 양해를 구할 때	실례하겠습니다.	15도
6	컴플레인이 발생했을 때	대단히 죄송합니다.	45도
7	고객이 찾으실 때(벨이 한번 누르셨을경우)	네,고객님 무엇을 도와 드릴까요?	15도
8	벨을 세번이상 울렸을 경우	기다리게해서 대단히 죄송합니다.	30도
9	고객이 돌아가실 때	감사합니다/안녕히 가십시오.	30도,45도

Role – Playing (역할연기) 실시

A: 고객

B: 직원

(6) 쿠션언어

바쁘시겠지만	선배님, 바쁘시겠지만 시간 좀 내주시겠습니까?
번거로우시겠지만	고객님, 번거러우시겠지만 서명 부탁드립니다.
불편하시겠지만	고객님, 불편하시겠지만 저쪽을 이용해 주시겠습니까?
괜찮으시다면	과장님, 괜찮으시다면 한번만 더 설명해주시겠습니까?
죄송합니다만	고객님, 죄송합니다만 잠시 기다려 주시겠습니까?
실례합니다만	고객님, 실례합니다만 홍길동님 맞으십니까?
잘모르겠는데요	죄송합니다만, 제가 바로 알아보도록 하겠습니다.
잠깐만 기다리세요	죄송합니다만, 잠시만 기다려 주시겠습니까?
뭐라구요	죄송합니다만, 다시한번 말씀해주시겠습니까?
무슨일이세요	무엇을 도와 드릴까요?
우리규정상절대 안됩니다.	죄송합니다. 저희 OOO에서는 ****이유로 안되게 되어 있습니다. 하지만 다른 방법이 있는지 확인 해보도록 하겠습니다.

Role – Playing (역할연기) 실시

A: 고객

B: 직원

---

(7) 대화의 3요소

● 태도: 시선을 맞추며 자신 있게~~

● 음성: 목소리는 밝고, 발음은 정확하게~~

● 내용: 분위기에 맞게, 올바른 언어사용으로~~

Role – Playing (역할연기) 실시

A: 고객

B: 직원

* Role– Playing(역할연기법): J.L. 모레노가 1920년대 초에 만들어낸 용어로서 사용했으며, 1940년대 말부터는 일반 기업에서 신입사원 채용 면접,세일즈맨 훈련에 사용하고 있다. 주로 호텔에서는 서비스 실무 교육시에 진행하고 있다.

---

(8) 서비스 핵심 용어

① 어서 오십시오.
② 이쪽입니다.
③ 그렇습니까?
④ 알겠습니다.
⑤ 죄송합니다만
⑥ 잠시만 기다려 주십시오.
⑦ 대단히 죄송합니다.

⑧ 오래 기다렸습니다.

⑨ 대단히 감사합니다.

⑩ 또 오십시오.

Role - Playing (역할연기) 실시

A: 선창

B: 복창

---

(9) 환송 서비스

① 000를 이용하신 고객에게 다시 찾고자하는 욕구를 자극하고 머무는동안 잘못
된 이미지를 바꾸어 놓을수 있는 기회

② 고객이 일어나려 하실 때 잊으신 물건이 없는지 확인하고 발견 즉시 돌려드리
고 가셨을 경우 점장에게 보고한다.

③ 습득물은 잘 보관하고 전직원이 그 사실을 잘 알고 있도록 공유한다.

(10) Tray 사용법

올바른 tray사용법은 신속하고 부드럽고 능률적인 서비스를 하는데 중요하다.

① 접시와 컵은 같이 tray를 사용 하지 않는다.

② tray끝으로 내용물이 나오지 않게 한다.

③ 항상 몸 안 쪽에 있어야 한다.

④ Tray를 들고 이동시에는 항상 오른손이 tray의 끝을 잡고 있어야 한다.

⑤ 무거운 것이 내 몸쪽 가까이 있는 것이 좋다.

⑥ Tray는 고객의 머리 위에 있어서는 안된다.

⑦ Tray는 서비스 테이블위쪽에서 서비스 하면 안된다.

⑧ 왼손으로 tray 균형을 잡으면서 오른손으로 서브한다.

(11) Order Taking

고객의 기호와 취향에 맞게 판매 가능한 상품을 제공하기 위한 것으로 충분한 상품지식과 세련된 매너로 고객이 만족한 주문을 할 수 있도록 도와드리고 업장 매출 증대에 기여하는 판매기법

Order Taking의 필수조건

① 고객에게 상품을 팔기 전에 자신을 팔아야한다.

② 항상 미소띤 얼굴로 서비스와 친절을 판다는 것을 잊어서는 안된다.

③ 가격을 파는 것이 아니라 가치를 팔아야한다.

④ 분위기를 함께 팔아야한다.

⑤ 상품별 완벽한 상품지식 숙지(주문을 유도한다.)

⑥ 항상 테이블을 주시하여 술이 비면 즉시 추가 주문을 받는다.

(12) 기분 좋은 인사의 5가지 Point

① 내가 먼저…

② 상대의 눈을 바라보며..

③ 마음이 느껴지는 밝은 표정과 음성으로..

④ 관심 어린 인사말과 함께…

⑤ 지속적으로…

(13) 좋은 대화의 Point

① 고객의 입장에서

② 때,장소,경우에 따른 언어 사용

③ 쿠션표현사용
④ 긍정문으로
⑤ 의뢰문으로

Role - Playing (역할연기) 실시

A: 고객

B: 직원

Reference

참고 자료

1. 김진강, 원유석, 최우성, 호텔객실실무론, 백산출판사, 2006

2. 김홍일, 호텔경영실무, 새로미, 2014

3. 경희호텔경영전문대학, 호텔업무, 1996

4. 박대환, 정연국, 호텔객실업무론, 백산출판사, 2007

5. 박진영, 하동현외 1인, 호텔객실 경영실무, 한올출판사, 2016

6. 박복원, 강희석, 호텔리어일어, 백산출판사, 2016

7. 송대근, 이선희, 호텔객실실무론, 대왕사, 2005

8. 신형섭, 호텔프런트객실실무, 새로미, 2014

9. 스웨이, 김정자 , 인생은 지름길이없다, 정민미디어, 2015

10. 이승연, 호텔객실 프런트 오피스,백산출판사, 2010

11. 이정학, 호텔객실실무, 기문사, 2014

12. 오흥진 강찬호, 호텔객실 서비스론, 기문사, 2011

13. 원융희, 글로벌 비즈니스 용병술, 백산출판사, 2009

14. 조영대, 하영습외 1인, 사례분석을 통해 배워보는 글로벌 에티켓과 매너의 실천매뉴얼, 백산출판사, 2007

15. 전영호, 호텔여행서비스 실무, 새로미, 2010

16. 전홍진, 김홍일외 2인, 호텔객실실무론, 현학사, 2006

17. 최복수, 김영욱, 실무로 익히는 호텔현관과 객실업무, 두남, 2003

18. 최병호 유도재, 호텔경영의 이해, 백산출판사, 2012

19. 최익준, 호텔객실실무와 경영론, 새로미, 2015

20. 파크하얏트 홈페이지

21. 현대호텔 홈페이지

22. 한국관광공사 호텔등급심사 매뉴얼, 2015

23. 한국관광공사 홈페이지

24. 한국호텔업 협회 홈페이지

25. www.naver.com

저자 소개

| 강 희 석 | [전략적제휴_온오프라인 마케팅 전문가]

- 동국대학교 관광 · 호텔경영학 학사 졸업/호텔경영학 석사 졸업//(현)동국대학교 총동창회 이사
- 경기대학교 호텔 & 외식 관광학 박사 취득_졸업
- (현)한국관광서비스학회 이사/한국외식경영학회 산학협력 부회장
- (전)한국관광공사 호텔등급심사위원 역임

〈전공 & 관심 분야〉
- 중저가 & 중소형 숙박운영 & 체인, 마케팅 시스템 구축서비스 전략적 제휴 / 대 고객만족 서비스 교육 구축 및 훈련 / 외식 컨설팅_외식 경영_메뉴 개발 및 트렌드 구축 / 프랜차이즈 사업 운영 가이드 / 소상공인 창업 지원과 운영 / 헬스푸드_로컬푸드 시스템

〈저서명〉
- 의료관광 일본어, 호텔리어 실무일어, 객실 관리 실무

| 김 성 환 |

- 경주대학교 호텔경영학과 졸업
- 경기대학교 대학원 호텔경영학 졸업(관광학 석사)
- 경기대학교 대학원 호텔경영학 졸업(관광학 박사)
- 관광호텔 호텔관리사(2급 지배인)자격증 취득(2000년)
- 코엑스인터컨티넨탈호텔, 메이필드호텔,
- 서울로얄호텔 및, 제주부영호텔 & 리조트 TF팀 총괄부장 등 19년간 근무.
- (현)오산대학교 호텔관광과 조교수.

〈전공 및 논문〉
- 호텔 · 외식 식음료 서비스 관리론(2010, 대왕사) /호텔 서비스종사원에 대한 고객의 유사성 지각이 호감과 신뢰에 미치는 영향 외 다수.

| 남 태 석 | tournts@daum.net

- 동국대 관광경영 학사
- 경기대학교 대학원 관광학 박사
- (현)중부대학교 항공서비스학과 교수
- 타워호텔 마케팅 지배인 역임
- 해운대 센텀호텔 대표이사 역임
- 한국호텔관광연구원 원장 역임
- (사)한국관광서비스학회 부회장

- (사)한국관광서비스학회 자격검정 본부장(고객만족서비스관리사)
- 한국관광공사 호텔등급결정 심사위원
- 해수부 관광어항어촌 등급심사위원
- 경북관광포럼 위원
- (사)남해안의료관광협회 상임부회장

| 이 상 빈 | koreanasangbin@hanmail.net

- 경희대학교 관광대학교 석사 졸업
- 안양대학교 대학원 관광학 박사 졸업
- 루브르호텔그룹 한국지사 전무, 부영그룹 호텔 총괄이사
- 코리아나호텔 객실지배인 역임

- (현)서해종합건설 호텔 오픈 프로젝트 본부장
- 〈자격〉총지배인 CHA 취득 / 경영지도사 취득 / 호텔관리사 취득

| 김 동 준 |

- 강원대학교 대학원 관광경영학과 박사
- 경희대학교 경영대학원 호텔경영전공 석사
- 인하대학교 경영학과

- KOV 프랑스와인기사단 그랑 꼬망되르 작위 수여
- (현)영남이공대학교 관광계열 호텔관광전공 교수

객실 관리 실무

초판 1쇄 발행 2017년 8월 5일
초판 1쇄 인쇄 2017년 8월 10일

저　　　자 강희석 · 김성환 · 남태석 · 이상빈 · 김 동 준
펴 낸 이 임 순 재
펴 낸 곳 (주)한올출판사
등　　　록 제11-403호
주　　　소 서울시 마포구 모래내로 83(성산동, 한올빌딩 3층)
전　　　화 (02)376-4298(대표)
팩　　　스 (02)302-8073
홈 페 이 지 www.hanol.co.kr
e - 메 일 hanol@hanol.co.kr
I S B N 979-11-5685-592-7